楽しみながら
コミュニケーション力を育てる
10の授業

菊池省三 ● 菊池道場

はじめに

　全国の学校、教室にお伺いする日々が続いています。
　この原稿を書いている今は2018年10月下旬ですが、今年に入ってすでに30都道府県を訪問しました。行った先では、子どもたちと授業をしたり、先生方と研修をしたり、講演を聞いていただいたりすることが多いのですが、その中でも私が一番楽しみにしているのは、一期一会（であることが多い）であろう子どもたちとの授業の時間です。
　33年間、北九州の学校に勤めましたが、そこでは学べなかったこと、意識していなかったことを、全国を行ったり来たりする今の環境の中で学ぶことができていることを実感し、感謝しています。
　一方で、いろいろな学級に行く中で、「足りないなあ」「鍛えられてないなあ」と思うことが正直あります。それは、ずばり「コミュニケーションの基本となる力」です。

　2018年度から、全国の小学校では新学習指導要領の完全実施に向けた移行措置が始まっています。新学習指導要領では「主体的・対話的で深い学び」の重要性が言われ、そのための具体的な学習方法として、ディベート、グループ学習、ジグソー法、学び合い、協同学習など、さまざま手法が提唱されています。
　ただ、そうした手法を教室で取り入れようとしても、「隣の友達と話し合う」ということ一つとっても、多くの学級ではそれができません。友達と何を話し合えばいいのか分からないし、安心して意見を出し合う人間的な信頼関係もないからです。よくてノートに書いたことを言い合って、終わり。お互いの考えを深め合うところまでは、とてもたどり着けません。
　私が継続してお伺いしている高知県いの町では、2018年度から授業を変えていこうという課題のもと、具体的な取り組みをスタートしています。そのことは、本書の後半で述べますが、なかなか変わっていかな

い現状もあります。

　ここでポイントとなることは、対話・話し合いの目的や価値を、教師自身がどれだけ考え、分かっているかということではないでしょうか。「終わった人は近くの人と話し合ってごらん、相談してごらん」と言って、その場しのぎ的に、何となく話し合えばよい程度のことをして、「対話のある授業」と言っているのではないかと心配するのです。
　鈴木寛元文部科学副大臣は、かつてご対談いただいた中で「授業観、価値観、人間観の変容なき中で起こっているアクティブ・ラーニング・バブルは気になります」と述べられました（菊池道場機関誌「白熱する教室　第3号（2016年冬号）」所収）。
　教師自身が「主体的・対話的で深い学び」に向かう大きな教育観の転換をしつつ、どんな人間を育てていくかという深い思索を重ね、それを具体的に実現していくために、日々子どもたちとどのように向かい合い、授業を通して子どもたちをどのように鍛え育てていくかということを本気で問い続けなくてはいけないのです。

　今年の8月初旬に今回ご提案する「10の授業」についての考えをまとめました。2018年7月28日「第6回菊池道場全国大会」、7月29日「第5回全国支部長会」を終えて、心地よい疲労を感じつつ、夏休み期間に続く全国の教育委員会からの要請による教員向けの研修に思いを馳せていた時期です。全国で出会った子どもたちのことを振り返りながら、今必要な力は何かを考え、私自身のこれまでの土台となる実践と「成長の授業」を立体的に俯瞰しながら「10の授業」をまとめました。
　この「10の授業」をコミュニケーションの土台として実践していただくことで、「主体的・対話的で深い学び」に確実に入っていくことができると、責任をもって提案いたします。

　　　　　　　　　　　　　2018年10月　菊池道場　道場長　菊池省三

もくじ

はじめに ……………………………………………………………………… 002

第1章
「コミュニケーション力を育てる10の授業」の提案と私が考える「授業観」……………… 007

第2章
コミュニケーション力を育てる10の授業 …………………… 019
- ❶ 「教室からなくしたい言葉・あふれさせたい言葉」…………… 020
- ❷ 自由起立発表の3つのステップ ……………………………… 030
- ❸ 意見は「質より量」の大切さの体験 ………………………… 040
- ❹ 「3つあります」スピーチの導入 ……………………………… 050
- ❺ スピーチ力を伸ばす授業 ……………………………………… 060
- ❻ 対話力を伸ばす授業 …………………………………………… 070
- ❼ チームで考え合う授業 ………………………………………… 080
- ❽ 即興力を鍛える授業 …………………………………………… 090
- ❾ 質問力を鍛える授業 …………………………………………… 100
- ❿ 学級ディベートの土台となる授業 …………………………… 110

第3章
少人数による「話し合い」のある授業を成立させる2つのポイント ……… 121

ポイント1 学び合うための「動きのある対話・話し合い」
- 1-1 話し合いの手順、やり方の説明を行う ……… 123
- 1-2 全員参加となるように態度目標を示す ……… 125
- 1-3 話し合いのレベルを上げる指示を出す ……… 127
- 1-4 教師の自己表現的言語（ほめる、認める、励ますなど）を意識する ……… 128
- 1-5 教師は「伝える」に集中しすぎず「みる」を重視する ……… 130

ポイント2 「挙手→指名→発表」のみからの脱却 ……… 132
- 2-1 つねに全員参加を保障する ……… 132
- 2-2 安心感をもたせる言葉かけを行う ……… 134
- 2-3 発表を話し合いにつなげる教師の意識をもつ ……… 136
- 2-4 「個人で書かせて発表」から「話し合って発表」とステップを段階的に行う ……… 138
- 2-5 聞き合う教室を常に意識して発表させる ……… 140

おわりに ……… 142

第1章

「コミュニケーション力を育てる10の授業」の提案と私が考える「授業観」

第1章

「コミュニケーション力を育てる10の授業」の提案と私が考える「授業観」

菊池　省三（菊池道場　道場長）

　全国のいろいろな教室にお伺いする中で、「自信と安心のある教室」には、共通する4つの要素があることに気付きました。

> ①スピード感がある。
> ②笑顔があふれている。
> ③ちょうどよい声の大きさで話をしている。
> ④価値ある言葉（価値語）を身につけている。

　逆に、これらが教室になく、子どもたちが不安気で落ち着かず、そわそわとした感じの教室が少なくないことも事実です。
「主体的・対話的で深い学び」といっても、こうした学びの土台がない中で成立するはずもありません。
　まずは、基本となる4要素をしっかりと育てていくことが重要です。
　そうした思いから、コミュニケーションの土台・根幹となる力を育んでいくための具体的な10の方法を、それぞれ「45分の授業」としてまとめました。
　基本的なコミュニケーション力を鍛える授業（初級編）と言えるものです。それぞれの授業を、「ねらい→主な展開→展開例→日常的・発展的な活動例」という形で整理しました。明確なねらいをもってそれぞれの授業を行い、それを起点として、1年間を通して定着させ、豊かなコミュニケーション力へと発展させていきたいものです。
「主体的・対話的で深い学び」のある授業が、教室の中に実現していくことでしょう。
　具体的な「10の授業」の内容は、次の通りです。

❶「教室からなくしたい言葉・あふれさせたい言葉」
　〇アンケートから考えさせる
　🐚価値語指導・成長年表・会社活動へ
❷自由起立発表の３つのステップ
　〇「見たこと→感じたこと→イメージ」の順で発言させる
　🐚ほめ言葉のシャワー・学級会へ
❸意見は「質より量」の大切さの体験
　〇５分間で１枚の写真から気付くことをたくさん出させる
　🐚日常の学習・白い黒板へ
❹「３つあります」スピーチの導入
　〇モデル文から文章構成を教える
　🐚感想発表・成長ノートへ
❺スピーチ力を伸ばす授業
　〇子どものスピーチからよいところを見つけ出させる
　🐚コミュニケーション能力の公式
❻対話力を伸ばす授業
　〇ヒーロー・インタビューから傾聴力のポイントを学ばせる
　🐚対話力の公式
❼チームで考え合う授業
　〇よい話の３条件（分かりやすい・ためになる・ユーモアがある）
　　で立場を決めて話し合いをさせる
　🐚少人数による話し合い
❽即興力を鍛える授業
　〇チャップリントークで自分の言葉で話をさせる
　🐚ディベート
❾質問力を鍛える授業
　〇友達紹介質問ゲームで質問し合うことの楽しさを体験させる
　🐚質問タイム

> ❿学級ディベートの土台となる授業
> ○3つのゲーム（なぜ～なぜなら・対決型問答・でもでもボクシング）で「話す」「質問する」「反論する」のポイントをつかませる
> 💬学級ディベート

　私は、これまで「菊池省三が考える『授業観』試案」①②③を提案してきました。これからの時代に役立つ人間を育てるという教育の大きな目的に沿った「授業観」を様々な角度から考え、まとめたものです。

　今回、「コミュニケーション力を育てる10の授業」を提案するにあたり、「『授業観』試案④」を新たにまとめ、これまでの①②③と合わせて、全体像を整理しておきたいと考えました。

　最初に、「試案④」を説明します。中央に「本時の計画」を置いています。これまで授業の中で教師が発する多くの言葉は、指示・発問・説明といった「授業内容伝達言葉」でした。学力の3要素の内の「知識」、「思考・判断・表現」を育てることが中心です。「全国学力・学習状況調査」もこの線上にあります。

　これからの時代に重要な「学びに向かう人間性」の育成という点は、ほとんど未着手の状態だと言ってよいでしょう。教師が子どもを「ほめて、認めて、励まして、つなげる」というかかわりをもち、身体スキルも大いに活用してパフォーマンスを発揮しながら、「自己表現的言葉」を授業の中で発していく必要があると考えています。

　子どもたちの振り返りも、これまでの「○○ができました」「○○が分かりました」という知識中心から、子ども同士の関係性の中の学びに転換して、「○○さんが教えてくれたので分かりました。ありがとうございます」と変わっていくことでしょう。勉強や運動の見える学力や技能などももちろん大事だけれど、教室の中での友達との生活が基本にあるということに、子どもたちも自然と気付いていくのです。

菊池省三が考える「授業観」試案④ ver.1

成長の授業

学力の3要素: ①知識 / ②思考・判断・表現 / ③学びに向かう人間性

感化 / 教化

学習学

子ども
- ほめ言葉のシャワー
- 成長ノート
- 価値語
- ……

教師のパフォーマンスを演じる目みる力

育てる / ほめ合う / 学び合う集団とかかわり

教師
- ほめる
- 認める
- はげます
- つなげる
- ……

教師の身体的スキル
- 雰囲気
- 態度
- ふるまい
- しぐさ

自 己 表 現 的 言 葉

〈本時の計画〉
主な学習活動
1. ○○○
2. ○○○
3. ○○○

旧態依然とした一斉指導型授業

指導上の留意点・評価

コミュニケーション力の育成

対話・語し合いの価値や目的 ⇔
- 動きのある対話・話し合い
- 「挙手・指名・発言」のみからの脱却
- 対話・話し合い
- 学級ディベート

個と集団が社会化する学び

授業内容伝達言葉

教師
- 指示
- 発問
- 説明
- ……
- 教育方法
- 教育技術

教育学

「菊池省三が考える『授業観』試案①」

　菊池道場機関誌「白熱する教室」を創刊した2015年7月に「試案」として初めて提案したものです。「授業観」を「Ⓐ目的」「Ⓑ技術」「Ⓒ土台」の3つの柱で構成しています。

　教師と子どもが創る自信と安心感のある学級を創るⒸ「学級土台」。自立・自律・共同がキーワードです。具体的な取り組みとして、ほめ言葉のシャワー・質問タイム・係活動・価値語などを行います。子ども同士の横の人間関係をつくりながら、自分らしさを発揮しつつ人と協力できる個を育てようとしています。

　Ⓑ「教師の指導力量」は、教師の「色」が出てくるところです。私は、ディベートの価値を高く評価していますから、ディベート的な話し合いを重視する指導技術を教える授業が中心になります。ここの部分が子どもたちに丸投げの状態になっているのではないかと危惧しています。

　そして、考え続ける人間を育て、豊かで確かな対話力を身につけることを目的とした「話し合い・対話学習」。Ⓒの土台を大切にしながら、Ⓑの技術を生かしながら行う授業です。

　基本形は、「個人で考えを書く→グループで話し合う→全体で話し合う」です。そして、私たちが重視しているのは、自分の頭と言葉を使って、個人で考え続けるということです。これまでの多くの実践は、「全体で話し合う」というところで止まっていたように思われます。教室全体が白熱した雰囲気になることをめざしていたのではないでしょうか。他者と話し合う・対話をするということは、自分の中に新しい気付きや発見があることであり、正解のないそれらを個人の中で考え続けることであると私は考えています。

　多くの教室にいる、特別な支援を要する子ども、外国にルーツのある子ども、格差社会の中で貧困問題を抱えている子ども…。そうした教室を「整えよう」とするのではなく、それぞれの子どもの違いを生かす授業、「調える」授業へと転換していきたいのです。

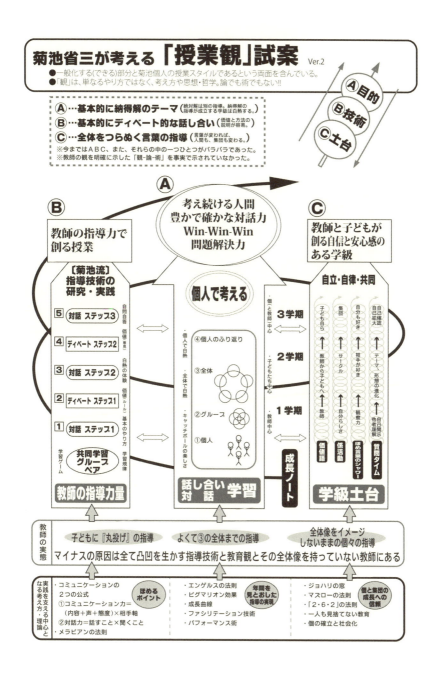

「菊池省三が考える『授業観』試案②」

　試案②は、アクティブ・ラーナーを育てるために、1年間という「期間」にポイントを置いて「主体的・対話的で深い学び」の実現をめざした「授業観」です。
　8つの日々の取り組みと3つの1年間の取り組みを示しました。

【1日の取り組み】
(1)質問タイム　　　(2)黒板の5分の1　　　(3)白い黒板
(4)対話・話し合い　(5)ディベート　　　　(6)学力の基礎・基本
(7)特別活動　　　　(8)ほめ言葉のシャワー

【1年間の取り組み】
(1)価値語指導　　　(2)成長ノート　　　　(3)成長年表

　そして、学級づくり、授業づくりの4つの視点をもって、1年間の指導を行います。

1. 年度初めから、「子どもは絶対に成長する」と信じ、教師としての覚悟をもつ
2. どういう学級にするか、はっきりとしたゴール像をもつ
3. 1年間の見通しをもって指導する
4. 指導は、子どもたちの様子を見ながら柔軟に修正し、改良していく

　さらに、「成長の授業」のポイントとして、次の3つのことを強く意識します。

1. 全教科・全領域の指導の中で、**みんなと対話・議論をする経験**
2. 主に総合的な学習の時間を柱に、**誰かに何かを提案する経験**
3. 主に係活動を中心とした特別活動の領域で、**みんなを巻き込んで活動する経験**

　1年間の学級集団の高まりを判断しながら、この3つの経験を子どもたちに豊かにさせていきます。こうした学びは、従来の一斉指導の授業観に立った授業とは違い、アクティブ・ラーナーを育てるこれからの時代に必要な授業観に基づいたものであると考えています。

菊池省三が考える「授業観」試案② ver.1

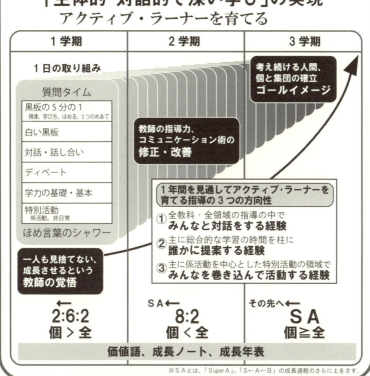

「菊池省三が考える『授業観』試案③」

「試案③」は、授業だけではなく、学校で行われる全ての営みを「成長の授業」と捉えた視点からまとめました。「成長の授業」は、真のアクティブ・ラーナーを育てていこうとするものです。

「試案③」では、教師から子どもへの「感化」の部分に重きをおいた裏のめあてを示し、知識を重視した一斉指導から、変容重視の授業観への転換をめざそうと考え、まとめました。

1時間ごとの「知識・技能」に関する「表のめあて」以外の「教師のみる目」を軸とした「裏のめあて」に、光を当てる必要があると強く思っています。

- 学級経営的な配慮（失敗感を与えない）　・学習規律の醸成
- 学び方・学習用語の定着　・子ども同士の横の関係づくり
- 逆転現象を生み出すしかけ　・動きのある学習展開
- 美点凝視でほめる声かけ　・笑顔、ユーモアのあるパフォーマンス
- オープンエンドの授業展開

一斉授業は、「挙手→指名→挙手→指名」と教師と一人の子どもとの関係の中で、正解を確認し、誤りを正しながら淡々と進んでいきます。正解を言えない子どもは授業の枠の外でずっと疎外感を感じているのが実情です。多様な個性の子どもたちを、教室の机に向かわせて「静かにしなさい。はい、この問題を解いて」と、これまで通りの一斉指導をしていては、子どもたちがその窮屈さに耐えられず、学級が落ち着かない状態になっていくのは必然です。

一人ひとり違うことに価値があるということを皆が認識し、自分らしさを尊重し合い、認め合う土台を確実なものとしてつくることによってこそ、内容を伴った話し合いが成立するのです。

また、「主体的・対話的な深い学び」を支える力として、「圧倒的な読書量」「圧倒的な書く力」などを挙げています。知識重視の一斉指導における「読み・書き・計算」だけでは不十分だと考えているからです。

菊池省三が考える「授業観」試案 ③ ver.1

「成長の授業」を促す
各1時間の授業で大切にしたい「10 のめあて」
〈裏のめあては「教師のみる目」〉

表のめあて（教化）
① 知識・技能に関するめあて

裏のめあて（感化）
② 学級経営的な配慮（失敗感を与えない）
③ 学習規律の醸成
④ 学習用語の定着
⑤ 学び方・学習用語の定着
⑥ 子ども同士の横の関係づくり
⑦ 逆転現象を生み出すしかけ
⑧ 動きのある学習展開
⑨ 美点凝視でほめる声かけ
⑩ 笑顔、ユーモアのあるパフォーマンス
⑪ オープンエンドの授業展開

年間を見通した「成長の授業」
[公社会に役立つ人間を育てる 個の確立した集団を育てる
考え続ける人間を育てる]

主体的・対話的で深い学び

価値語／質問タイム／ほめ言葉のシャワー／ディベート
成長ノート／少人数による話し合い（成長）活動 等

アクティブ・ラーナーを育てる

知識重視の授業
読み・書き・計算

従来の一斉指導

これからの変化の重視の時代に必要な指導法と

圧倒的な読書量／圧倒的な書く力（成長ノート）／
圧倒的なコミュニケーション力／圧倒的な語彙量（価値語量）／
圧倒的な読む力／圧倒的なパフォーマンス力／圧倒的な関係性 等

第2章 コミュニケーション力を育てる10の授業

❶ 「教室からなくしたい言葉・あふれさせたい言葉」
❷ 自由起立発表の3つのステップ
❸ 意見は「質より量」の大切さの体験
❹ 「3つあります」スピーチの導入
❺ スピーチ力を伸ばす授業
❻ 対話力を伸ばす授業
❼ チームで考え合う授業
❽ 即興力を鍛える授業
❾ 質問力を鍛える授業
❿ 学級ディベートの土台となる授業

【注】本章の授業記録の中で、『　』は教師の発言、「　」は児童の発言を示しています。

第 2 章

1 「教室からなくしたい言葉・あふれさせたい言葉」

アンケートから考えさせる
🌀 価値語指導・成長年表・会社活動へ

小川　夕起子（菊池道場鳥取支部）

1 ねらい

「人を育てる源になるのは、『コミュニケーション力』です。そして、コミュニケーション力を支えるのが『言葉』の力です」。これは、菊池省三先生がご自身の著書の中で語っていることです。実際の教室の中には、様々な言葉が飛び交っています。プラスの言葉があふれているか、マイナスの言葉があふれているかによって、教室の雰囲気は全く違ってきます。一人ひとりの子どもたちが豊かな言葉を獲得して自分を表現したり、友達との対話を通して相手のことを理解したりすることの積み重ねによって、良好な人間関係を築き、温かい学級を生み出していくことができます。

菊池道場では、コミュニケーションの授業を通して、子ども同士の横のつながりをつくり、「言葉」を大切にしながら成長に向かっていく学級づくりをめざしています。そして、子どもたちの考え方や行動をプラスに導く言葉や、子どもたちの成長に必要な価値ある言葉を、シャワーのように与えていきます。

そこで、「言葉の力」で学級を育てていくために、年度当初に「教室からなくしたい言葉」「教室にあふれさせたい言葉」を子どもたちとともに考える授業を位置付け継続していきます。子どもたちのアンケート結果や、「言葉は人を育てる」という言葉から考えさせます。言葉の力を育てていくことは、学級づくりの基礎を築く大事な授業です。子ども同士の関係は温かくなり、学級の雰囲気も調和した集団的なものへ育ちます。

コミュニケーション力を育てる基本となる「教室にあふれさせたい言葉」について考える具体的な指導の流れを紹介します。

2 主な展開

　温かい人間関係を築くために、年度初めや学期初めに次のような1時間の「言葉を育てる」授業を行います。低学年では、道徳の「ふわふわ言葉」の学習と関連させて授業を行うことができます。中学年・高学年では、「言葉は人を育てる」という言葉から考えさせていきます。

> **教室にあふれさせたい言葉　1時間の主な展開（低学年）**
> 1．教室からなくしたい言葉は、どのような言葉か考える。
> 2．なくしたい言葉を付箋に書く。
> 3．グループで付箋を画用紙に貼る。
> 4．教室にどんな言葉をあふれさせたいか、「○○○○ことば」に入る言葉について考える。「ふわふわ言葉」「あったか言葉」。
> 5．教室にあふれさせたい言葉を、具体的にノートに3つずつ書く。
> 6．隣のペアやグループで書いた言葉を見合う。
> 7．グループごとに一人ずつ順番に黒板に言葉を書く。

> **教室にあふれさせたい言葉　1時間の主な展開（中・高学年）**
> 1．「言葉は○を育てる」－○の中にどんな言葉が入るか考える。
> 2．「言葉は人を育てる」と思うか。○か×か、理由も考える。
> 3．「教室からなくしたい言葉」「教室にあふれさせたい言葉」をノートに書く。
> 4．黒板に自分の考えた言葉を書く。
> 5．黒板を見て感じたことを発表する。
> 6．ペアになり、自由に立ち歩いて、教室にあふれさせたい言葉を友達に伝え合う。
> 7．教室にあふれさせたい言葉を使った感想と、授業の感想をノートに書く。
> 8．感想を発表する。

3 展開例

【低学年の例】

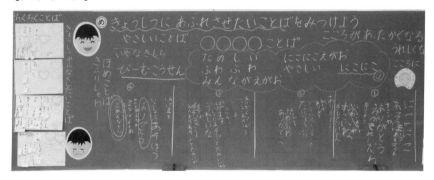

『どんな言葉を教室からなくしたいですか』
　自分が教室からなくしたい言葉を1枚ずつ付箋に書き、グループごとに画用紙に貼っていきます。
「ばか」「あほ」「あっちいけ」「いやだ」「へんなの」
『これらの言葉はどんな言葉ですか』
「いやな気持ちになる。心が悲しくなる。ちくちく言葉だ」
『では、どんな言葉を教室にあふれさせたいですか。「○○○○ことば」の○○に入る言葉をノートに書きましょう』
　道徳の「ふわふわ言葉・ちくちく言葉」の学習を思い起こさせ、どちらの言葉を教室にあふれさせたいか考えます。そして、「○○○○ことば」と板書し、○○○○にどんな言葉が入るかノートに書きます。
「やさしい」「ふわふわ」「にこにこ」「ぽかぽか」「きらきら」
『教室にどんな言葉をあふれさせたいですか。教室にあふれさせたい言葉をノートに3つ書きましょう』
　心が温かくなり、嬉しくなる「ふわふわ言葉」「あったか言葉」「ぽかぽか言葉」を増やしていきたいという思いをもつことができました。
『隣の席の友達と、自分の書いた言葉を伝え合いましょう。グループの友達が書いた言葉も見て、付け加えましょう』

自分が書いた言葉を、ペアやグループの友達に見せたり伝えたりします。自分の考えた言葉が少ない子どもも、友達とノートを見合うことでヒントになり言葉を少しでも増やすことができます。また、「いいね」などの言葉を交わしコミュニケーションを図ることもできます。
『黒板に自分の言葉を書きましょう』
「ありがとう」「ごめんなさい」「すごいね」「どうぞ」「いいね」「だいじょうぶ」「いっしょにあそぼう」「どういたしまして」
　３つ書いた言葉のうち、教師が１つに赤ペンで○をします。その言葉から黒板に書いていきます。早く書けた子どもから書いたり、チョークをバトン代わりにして、グループごとのチョークリレーをしながら書いたりします。グループの友達同士で応援したり励ましの言葉をかけ合ったりすることにより、子どもたちはより意欲的に言葉を書いていきます。
『黒板を見て思ったことを書きましょう。感想を発表しましょう』
「あったか言葉がいっぱいになって、心も温かくなったよ」
「この言葉を言ったら自分も友達も笑顔いっぱいになるよ」
　最後にみんなで教室にあふれさせたい言葉を一つずつ紙に書き、教室に掲示しました。常に振り返りができるようにします。勤務校では、「つながりタイム」という友達とつながる活動の時間を毎週１回10分間設けていますので、そのような時間も使いながら、言葉を通して友達とコミュニケーションを図る活動を年間通して行っていきます。

第２章　コミュニケーション力を育てる10の授業

【中・高学年の例】

『「言葉は〇を育てる」〇の中には、どんな言葉が入るでしょうか』

言葉は、何を育てるのか、自分の考えた言葉をノートに書かせます。

「心」「命」「人」「頭」「人間」

そこで、次のように板書をします。

『「言葉は㊀を育てる」－〇か×か、ノートに書きましょう。その理由も書きましょう。理由をペアで話しましょう」

「言葉は人を育てる」という言葉について考えさせます。

「〇　理由：使う言葉によって相手も自分もいい気持ちになったりいやな気持ちになったりする」

「〇　理由：言葉によって心の感じ方が違う」

「〇　理由：言葉は人と人をつなげることができる」

「〇　理由：よい言葉を使うと人は育つと思う」

このように、人が成長するためには「言葉」がとても大切だと考えるようになり、「言葉」のもつ力について子どもたちが考えるきっかけとなりました。また、ペアで自分の考えを話すことで、友達の考えを知ったり理解したりすることもできます。

次に、本時のねらいとなる主な活動に入っていきます。

『「教室からなくしたい言葉」と「教室にあふれさせたい言葉」には、どんなものがあるのか考えましょう。ノートに言葉を書きましょう。3つ書けたら先生に見せましょう。黒板に自分の言葉を書きましょう』

○教室からなくしたい言葉：「バカ」「あほ」「うざい」「だって～」
○教室にあふれさせたい言葉：「ありがとう」「だいじょうぶ」「いいね」

言葉をノートに書いた子どもから、黒板に書きます。「教室にあふれさせたい言葉」は、ペアやグループでお互いが書いた言葉を見合う時間を設定し、言葉を増やしていきます。10個以上書く子がほとんどでした。

『黒板を見て思ったことを書きましょう。感想を発表しましょう』

「バカ、あほ、などの人を傷つける言葉をなくして、ありがとう、頑張っているね、などの温かい言葉を教室にあふれさせたい」

「もっと温かい言葉のあふれる学級をつくっていきたい」

「言葉のもつ力ってすごい」

「使う言葉で成長曲線が変わってくる」

最後に、詩「ひとつのことば」や名言を紹介し、言葉の大切さや言葉には人を成長させる力があるということを示していきます。

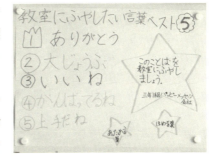

この学習は、年度当初の1回だけで終わるのではなく、子どもたちが目にふれるところに言葉を掲示して日常的に振り返ったり、学期ごとに見直したりします。2回目以降の授業では、教室からなくしたい言葉やあふれさせたい言葉のアンケート結果を見ながら、みんなで増やしていきたい、使っていきたい言葉を再確認し、学級目標や成長曲線ともつなげながら学習していくと効果的です。

1回目よりも友達とのコミュニケーションの活動も多く取り入れ、自由に立ち歩きながらいろいろな友達とペアになり、実際に「あふれさせたい言葉」をお互いが伝え合う活動を取り入れます。

教室にあふれさせたい言葉　2回目以降の展開例
1．「教室からなくしたい言葉」「教室にあふれさせたい言葉」のアンケートをとる。集計をする。
2．学級の「教室にあふれさせたい言葉　ベスト5」をノートに写す。
　（①ありがとう②大丈夫③がんばっているね④上手だね⑤いいね）
3．黒板の言葉を見た感想や、これからどんな学級にしていきたいかについて、自分の思いをノートにまとめる。
4．自由起立で立ち歩き、どんな学級にしていきたいか、どのような言葉を使っていきたいか、いろいろな友達と対話する。
5．「教室にあふれさせたい言葉」を使って、相手に感想を言う。

(子どもたちの感想より)
・「教室にあふれさせたいベスト5」の言葉をふやし、いつでもあったか言葉が使えるわたしでありたいです。
・「言葉は人を育てる」をキーワードに、みんなでいい言葉を使って、あったかハートやほめ言葉いっぱいの3年1組になりたいです。

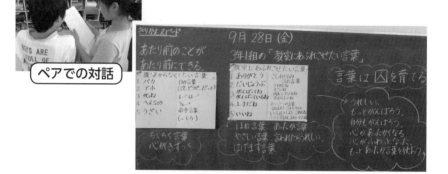

ペアでの対話

4 日常的・発展的な活動例

(1) 「1年後に言われたくない言葉」「1年後に言われたい言葉」

学級経営をする上で、この2つの言葉も子どもたちに考えさせたい言葉です。3月の自分たちの姿を思い浮かべながら考えます。

〈1年後に言われたい言葉〉	〈1年後に言われたくない言葉〉
・成長したね。　・ありがとう。 ・リーダーとして活躍しているね。 ・あんな○年生になりたい。 ・よくがんばっているね。	・全く成長していないね。 ・○年生らしくないね。 ・あまりがんばっていないね。

(2) 価値語の指導

教室にプラスの言葉があふれるように、日常的にプラスの価値ある言葉を子どもたちの心の中に届かせるようにしています。子どもたちの考え方や行動をプラスに導く「価値語」を教室の中に増やしていきます。子どもたちの価値ある行為や成長の事実を、教師がモデルとなって黒板の左端や教室の壁に、写真や価値ある言葉で示し視覚化できるようにします。教師が書く日々の朝の黒板メッセージや、始業式など節目の日の黒板の「一人ひとりの子どもへのメッセージ」などもそうです。初めは教師が子ども

たちにインプットしますが、価値語が子どもたちの中に入ってきたら、子どもたちが主体となって価値語を作っていきます。

(3) 成長年表と成長曲線

　運動会や学習発表会などの大きな学校行事や学年や学級での非日常の出来事は、子どもたちを大きく成長させるチャンスです。キーワードになる価値語を示した成長年表を掲示し、目標としたり振り返りをしたりして、成長の足跡を残していきます。そして、成長曲線をさらに加速させていきます。成長年表に書く価値語も途中からは子どもたちと一緒に考えていきます。

成長年表と成長曲線

　学校行事の前後には、「○○を通してどんな力をつけたいか」「どんな力がついたか」を、ペアで対話をしながら伝え合ったり、白い黒板に書いたりする活動を行います。「○○さんは、運動会で下学年のダンスリーダーとしてみんなをまとめる力がつきましたね。成長しましたね」「ありがとう」というように、対話をするとき最後に一言「教室にあふれさせたいほめ言葉やあったか言葉」をペアの友達に送って握手をします。そして、学級の成長曲線を伸ばしていきます。

運動会でどんな力がついたか

(4) 会社活動における「言葉」を大切にしたメッセージ

　子どもたちの会社活動の中でも、「言葉」を大切にした取り組みが生まれました。本学級の「ハッピーメッセージ会社」の子どもたちは、毎朝ホワイトボードに、今日使いたい「あったか言葉」や、「切り替えスピード」などの「価値語」を「今日のキーワード」として書き、メッセージと共に毎日みんなに伝えています。このことが基となり学級全員の一人ひとりのよいところを書いたり、学級のお楽しみ会の中で一人ひとりのよさを伝えたりする活動へと発展していきました。これらは、日々の「ほめ言葉のシャワー」の活動にもつながっていきます。前期終業式後には、別の会社の子どもたちからも、学級みんなへのメッセージが貼り出されました。言葉を大切にした活動は他の会社にも広がり中です。

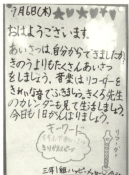
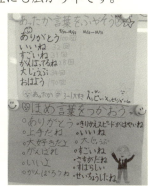

　言葉のもつ力を実感した子どもたちは、日々の生活の中でも「言葉」を意識し、「もっと成長したい」「スーパーAの○年生をめざそう」と、目を輝かせています。これからも、温かい言葉、価値ある言葉を子どもたちの中に浸透させながらコミュニケーション力を育て、子ども同士の横のつながりをつくっていきたいと思います。

【参考文献】
菊池省三・菊池道場　著『コミュニケーション力あふれる「菊池学級」のつくり方』中村堂
菊池省三　著　『菊池省三流　奇跡の学級づくり』小学館
菊池省三・菊池道場　著　菊池道場機関誌「白熱する教室」中村堂

第 2 章

2 自由起立発表の3つのステップ

「見たこと→感じたこと→イメージ」の順で発言させる

💬 ほめ言葉のシャワー・学級会へ

大森　加奈子（菊池道場岡山支部）

1 ねらい

「積極的に発表する子どもを育てることは、難しい。根気がいる」。そんなふうに感じたことはないでしょうか。私自身、毎日そんな悩みを抱えています。

そこで、自由起立発表で徹底的に「自ら話す」という姿勢を鍛えるということをしてみようと思いました。

発表する方法には、①挙手させて指名発表、②順番指名発表（列や番号など）、③意図的指名発表、④相互指名発表、⑤立場指名発表（○か×かなど）といった指名をして発表させる方法が多くあると思います。

いろいろな方法を使い分けて授業を作りあげていく中に、⑥自由起立発表を入れてみてはどうでしょうか。

自由起立発表は、子どもたちが自分からすすんでどんどん発言するので、話し合いが活発になります。もちろん、いきなりしようと思っても難しいので、ステップを踏んで鍛えていきます。そして、さまざまな場面で自由起立発表を取り入れ、子どもたちに「自ら話す」ことを要求していくことで、「自ら話す」という態度を徹底的に鍛えることができます。

小学生の子どもたちの吸収力は、目覚ましいものがあることを教員である私たちは、誰もが体感して知っていることと思います。機会を与え、徹底的に鍛えていくことで、できないと思っていたことを「できる」に変えていく子どもたちに、自ら学び話すことができるようになっていく子どもたちに、出会うことができると思います。

2 主な展開

　自由起立発表のやり方を知り、何度か練習します。簡単なことから始め、子どもたちの吸収力・反応に合わせ、だんだんとポイントを増やしていくと、どんどん上達していきます。

● 自由起立発表 ●

0．自由起立発表のやり方（ポイント）
　・いすを引いておく。
　・次々に立って発表する。
　・発表と発表の間をあけない。
　・次に発表する人は、立って待っておく。
　・もしたくさん立ったら、目でゆずり合う。
　・おへそを向けてきく。
1．自由起立発表をやってみる。
　ノートに書く→自由起立発表　※全員発表
「窓から見た景色やこと」（事実）
「雨と聞いて感じたこと・イメージすること」（意見）
2．自由起立発表で、ほめ言葉のシャワーをする。
「○○くんのいいところ」（事実＋意見）
3．振り返りをする。
「自由起立発表をしてみてどう思ったか」
「ほめ言葉のシャワーを全員でしてみてどう思ったか」
　この活動のポイントは、少しずつ上手になっている点をほめて認め、子どものやる気を引き出しながら進めていくことです。

※この授業は、『個の確立した集団を育てる　ほめ言葉のシャワー決定版』（中村堂）付属DVD所収の菊池省三先生の『自由起立のやり方を知る』授業を参考に行いました。

3 展開例

1 自由起立発表をやってみる（事実）

　白紙のプリントを配る。
（板書）『窓から見える──』
『今から窓から外を見た景色、見たことを紙に書きます』
（板書）『────────』
『一文で紙に書きます。何でもいいですよ。運動場でも、空でも。例えば、「木がたくさん生えています」というように。それでは、スタート』
　見にくいようであれば、立ち歩くことも認め、1分程待ちます。

『では、いすを引きましょう。今日は自由起立発表をしてみます。自分から立って発表します。できれば、みんなの方を向いて言いましょう。では、口火を切りたい人はいますか。では、○○さんからいきますから、○○さんが終わったら、どんどん立っていきましょう』

「体育館があります」
「葉っぱがいっぱいあります」
「白い車が見えます」
※もし、止まったら…。
『5秒だけ近くの人と、がんばるぞーと言い合いましょう』

2　自由起立発表をやってみる（意見）

『今日は、残念ながら雨ですね。雨という言葉を聞いて、イメージすることがありますか』
（板書）「イメージ」と書く。
『さっきのは、見たことですよね。これはイメージ、つまり思ったことですよね。イメージして思ったことを書きます。これは、さっきと同じで、一人ひとり違いますよね。違っていいんですよね。それでは、書きましょう』
　慣れてきているので、30秒ほどで書くことができます。

『やめましょう。これはもっとプロになってほしいので、隣の人に「どんなことを書いた？」と聞いてみましょう。それでは、誰が口火を切りますか。では、△△さんから始めましょう』
「雨は、少しさびしい感じがします」
「雨は、音がたくさん聞こえてくるので、楽しいです」

※聞きながら…
『○○くんらしいね』『なるほど』と、あいづちを打つ。

第2章　コミュニケーション力を育てる10の授業

3 自由起立発表で、ほめ言葉のシャワーをする

「Aくんのいいところ」(事実+意見)
(板書)「Aくん　ほめ言葉のシャワー」

『周りの景色を見て、何か言えるわけですから、Aくんをよく見て、いいところを言えますよね。すてきなところ、まねしたいところ、かっこいいところ、頑張っているところ。そして、こういうふうにすてきだなって、人によって違うんですよね。違っていいんで

すよね。まず紙に書いて、それをもとに発表しましょう。Aくんは、みんなの発表が終わったら、心に残った言葉を3つ発表してもらうから、考えながら聞いてね』

『書き終わった人は、立ちましょう。今からその紙を見て、伝える練習をしましょう。もちろん、その通り読まなくていいから、先生がいいって言うまで、声に出して練習しましょう。では、前を見て一回言って、廊下の方を見て一回、後ろを見て一回、また前を見て一回言った人から座りましょう。いくよー、よーい、スタート！！』

『やめましょう。「どうしても言えないよ」っていう人は見ながら伝えてもいいけど、目を合わせて言ってあげましょう。心が伝わると思います。それでは、Aくんが「よろしくお願いします」って言ったら始めましょ

う。誰が口火を切るかな』
「よろしくお願いします」
「Aくんは、1年生のときはノートにふりかえりがあまり書くことができなかったけど、2年生になって成長してたくさん書くことができるようになったところがすごいと思います」
「Aくんのいいところは、―――です」

『何か発表するときに、自分から立ち上がるっていうのは、相当なエネルギーがいりますよね。心の強さですよね。じゃあ、やるたびに心が強くなるんですよね。そして、それをみんなで応援し合うから、学級の力もすごく伸びるんですね。それも、プラスのほめ言葉のシャワーをするときにそれをするっていうことは、すばらしい〇年〇組になるのでしょうね！』

※聞きながら…
　ポイントとなるキーワードを板書する。
「△△力」「3回（数字）」「大丈夫？（会話）」
※途中で…
　よかった言葉・態度をほめる。

第2章　コミュニケーション力を育てる10の授業　●　035

『「大丈夫？」これが使えるっていうことは、すごいですよ。これは、Aくんのことをよく観察していないと絶対に言えない言葉です。大きな拍手をしてあげましょう。すばらしいっ！』

『今、見ましたか。0.2秒だけど、目が上がっていました。紙を見ているんだけど、少しでも目を相手に向けて、全力で気持ちを伝えようとしているんですよね。これは、△△さんの思いやりであり、やさしさですよね。大きな拍手をしてあげましょう。さすがですねっ！』

※言えない子がいたら…

『隣のBさんが「私が代わりに言います」って絶対に言います。みんな同じ◯年◯組だから、応援しますね。Cさんのドキドキが分かるBさんが今日は発表しますね。みんなが拍手をすると立ち上がりますよ』

（全員発表が終わったら）

「特にうれしかった言葉は、――ということと、――ということと、――ということがうれしかったです」

聞いている子どもたちは、「選ばれたいっ！」「ほめられたいっ！」と、心から願って、みんな自然と真剣に手を合わせて願っていました。

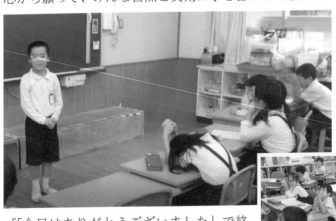

『「今日はありがとうございました」で終わりましょう』

「今日は、ありがとうございました」

※先生からコメント（言葉のレベルアップを仕組む）

『算数の授業のときとか、その場面を言うと観察力が上がるかもしれませんね。3回とか5分とか数字が入ると、ちょっと具体的になるのかもしれませんね。本人がしゃべったことを入れると、もっといいほめ言葉になるのかもしれませんね。「拍手キング」みたいに自分の言葉で表そうとしたり、「うれしいです」とか「ありがとう」みたいに自分の気持ちをどんどん入れたりすると、とってもすてきなほめ言葉のシャワーが、毎日毎日教室にあふれるんじゃないかと思いました』

4 振り返りをする

『それでは、ほめ言葉のシャワーをやってみての感想を書きましょう』
《感想の一部》

- Aくんに、みんなが次々に「～のとき、Aくんが～をしていてすごいと思った」と言って、Aくんがにっこりしてくれたから、とっても嬉しかったです。

- みんな、順番に立つことができて、楽しかった。
- 人をほめてあげられて、自分もほめてもらえたらめちゃくちゃ嬉しい。
- うれしそうなAくんの笑顔を見て、みんな全員にほめてもらうことが楽しそうだと思いました。
- Aくんもうれしいと思うし、言った人も「ありがとう」って言われてうれしくなるからとってもいい。
- 次は、自分が3人の中に選ばれるようにがんばりたい。

4 日常的・発展的な活動例

ステップ1 ほめ言葉のシャワーを帰りの会で行っていく

　1回で終わるのではなく、継続的に「自由起立発表」を続けていくことで、子どもたちの積極的に話す姿勢を徹底的に鍛えることができます。しかも、子どもたちが楽しく積極的に取り組むことができる「ほめ言葉のシャワー」で行っていくことで、自然と身についていきます。積極的に話す姿勢を徹底的に鍛えつつ、言葉の力も友達を認める力も自尊感情も育っていくので、一石四鳥くらいです。

ステップ2 学級会で取り入れていく

　クラスで起こるちょっとした問題を話し合うとき、学級会を行います。

そんなときは、机を取り払い、みんなで丸くなって座って自由起立発表でどんどん発表していきます。「全員が話すこと」「同じ意見でもかまわないこと」を伝えておくと、全員が積極的に話し合うことができます。学級会で自由起立発表を取り入れ、全員が話していくことで、ほめ言葉のシャワーで培う相手意識だけでなく、公を意識した言葉を考えることができます。

ステップ3 学習の中に取り入れていく

　ほめ言葉のシャワーや、学級会で「自ら話す」姿勢を徹底的に鍛えられると、話すことを楽しいと感じる子が多くなります。そこで学習に自由起立発表を取り入れると、すすんで発表をする子どもが増えます。もし、「挙手をさせて発表」のままであっても、鍛えてきたことで、すすんで手を挙げようとする子どもが増えます。

　そこで、気を付けておきたいことが、「聞くこと」です。自由起立発表だと、次々に発表が続きます。そのため、①おへそを向けて聞く。②相手を見ながら聞く。という態度も鍛える必要があります。自由起立発表で「自ら話す」姿勢と「聞く」姿勢、どちらも育った子どもたちのいるクラスは、楽しく白熱する教室になると思います。

第 2 章

3 意見は「質より量」の大切さの体験

5分間で1枚の写真から気付くことをたくさん出させる
🌏 日常の学習・白い黒板へ

相羽　美恵子（菊池道場新潟支部）

1 ねらい

　授業力の向上の一つとして、板書を意識しています。菊池道場で学ぶ以前の私は、学びの内容が分かりやすい板書、その1時間の学びや話し合いの流れが分かる板書など教師が主体となって書くきれいに整理された板書が大切だと考えていました。しかし、その板書に対して、子どもたちがどのくらい自分から参加しているかを振り返った時に、疑問に残ることがありました。板書をノートに写すだけのものや正解だけを求めるものなど、子どもたちが受け身になっていたり思考が広がっていかなかったりするような板書であると、せっかくの子どもたちの意見が、教室全体の共有財産にならないと感じ始めました。

　コミュニケーション力を高めるには様々な手立てが考えられますが、私は、たくさんの意見を出すことの経験を積むことがその近道の一つだと考えます。中でも、初歩段階として、「白い黒板」の実践が、子どもたちが楽しみながら取り組めるものだと思います。「白い黒板」とは、黒板を児童に開放し、教師の発問や学習テーマについてなど、一人ひとりの児童が自ら考えたアイディアを自分自身で板書する活動です。書き終わる頃には、黒板が白いチョークの文字で埋めつくされることからその名がつきました。

　もちろん毎時間の授業を全て白い黒板による板書にこだわるわけではありません。学習の振り返りやまとめをするときや、子どもたちに特に考えさせたい、話し合わせたいときに行うことを初めに述べておきます。

2 主な展開

　一つのテーマに対し、みんなで考える機会にします。まずは「質より量」を意識して、たくさんの見方や考えをもつことができるようにしていきます。

● 「白い黒板」1時間の主な展開 ●

1．教師が色チョークで黒板に書いたテーマをノートなどに写す。
2．テーマに対しての自分の意見をノートなどに5分間書き出す。
3．自分の意見を黒板に書く。
4．他にないか考え、ノートなどに書き、さらに黒板に書く。
　（2と3を繰り返す）
5．白い黒板が完成した（児童全員の意見が書かれた）後、黒板に書いてある事柄についての意見を聞く。
6．聞いたり、黒板に書いてあることを読んだりしたことを通して、これからどうしたいかなどの視点で、ノートに書く。

　子どもたち全員で書いた時の「白い黒板」は、見た目だけでも圧倒的なものがあります。初めのうちは、友達と意見が同じものが出てきても否定せず、どんどん書かせます。黒板に意見を書くことができたり、全員の文字で黒板が埋まったりした達成感や「書く」ことの楽しさを十分味わわせます。

▲菊池学級の「白い黒板」

3 展開例

1　教師が色チョークで黒板に書いたテーマをノートなどに写す

『黒板に３枚の写真を貼ります』
「Ａさんが写ってる！」
「ぼくも写ってるよ！」
「何の写真？」

　黒板に「３枚の写真から気付くこと」と書きます。
　ノートに写しながら、子どもたちの間で少し相談が始まります。
「え？何を書くの？」
「いいこと書けばいいんじゃない？」
『写真を見て気付いたいいなと思ったことをどんどん書きましょう。どんな考え方でもOKです。思いついた考えをたくさん書きましょう。時間は５分間です。よーい、始め』

ポイント　写真の準備
　班ごとに１枚ずつ写真を用意します。

2　テーマに対しての自分の意見をノートなどに５分間書き出す

　子どもたちは、ノートに意見を記述します。
　教師は、書いている様子を見守ります。

ポイント　意見を一つだけ書いて満足してしまう子どもがいた時やスピード感を上げたい時の声かけ
『もう三つ目ですか？速いですね』
「もう、三つ？」
「まだ一個しか書けてないよ」

スピード感をもって量を書かせたいものです。競争をさせます。声をかけた子どもだけでなく、周りの子どもたちの書くスピードが上がってきます。他にないか、量を求めて書く意識が出てきます。数にこだわり、たくさん見つけられることをほめ、いろいろな角度から物事をとらえる力を付けていきたいものです。

ポイント 手が止まってしまう子どもがいた時の声かけ

『何をしている写真ですか？』
「遊んでいる時の写真」
『見ていてどんな感じがしますか？』
「……」
『楽しそう？つまらなそう？』
「楽しそう」
『何でそう思いましたか？』
「……」
『どこを見て楽しそうだと思いましたか？』
「…、顔」
『どんな顔していますか？』
「笑顔」
『書くことが、一つ決まりましたね』

　手が止まってしまう子どもたちの多くは、いいことを書こうと力みすぎてしまう、何を見てどう表現していいのか分からないといった理由があることでしょう。周りがどんどん書いているのに、自分だけ書くことができない状況というのは、心細いものです。その場合、個別に寄り添い、温かく声をかけながら一つでも考えが出てくるよう支援していきます。会話が大きな支援となります。二つ目以降の意見は友達との会話の中で増えていけるよう、見守ることもあります。

第2章　コミュニケーション力を育てる10の授業

> **ポイント** 班で相談する時

『みんなの力を合わせて、今出た意見よりさらに増やしましょう。「何書いた？」と聞いて、始めましょう』
「何書いた？」
「私はね、楽しく遊んでいるって書いたよ」
「ああ、一緒だ」
「男女仲良くって書いたよ」
「うんうん」

　黒板に自分の意見を書く前に、班で相談する時があります。量を増やすためです。他の人の意見を聞いたことで、意見をつけ足して書いている子どもも出てきます。さらに、班のみんなで意見を出し合った後に時間がある場合には、他に意見がないか、相談させます。

　班での会話も増えるため、「―――した時に〜〜だったよね」という会話も飛び交います。共通の体験をしているからこそ、話すことでより鮮明に思い出すことができます。その中から、よさを見つけられたこともほめます。

　「えっ？これでもいいの？」という言葉も聞こえてきました。どんなに些細なことであっても、見つけることができた、書くことができたという体験をたくさん積むことで、自分を表現できるようになってきます。自信がないから書くことができない、不安だからとりあえず黙っている子どもも少なくありません。まずは自分の意見を表に出すことができる安心感のある教室をつくりたいです。

3　自分の意見を黒板に書く

『みなさんが考えたものを、全員で黒板に書きましょう。黒板には、握りこぶしぐらいの大きさで文字を書きましょう』

　子どもたちは勢いよく、黒板に自分の意見を書いていきます。
　書き終えた子どもは黒板を読み、他にないか考える様子が見られます。

ポイント 文字の大きさ

　文字の大きさにも相手意識をもたせます。しかし、どんどん黒板が埋まってくると、書くスペースがなくなってきます。もっと書きたいからと隙間に書く子どもも少なくはありません。その場合は書きたい気持ちを尊重し、隙間に小さく書くことも認めます。

ポイント 黒板を読みながらのつぶやき

『顔の表情とか細かいところまでに目が行くのがいいですね』
『写真には写っていないけれど、そうそう、そんなことありましたよね』
『あったことからよさを見つけるのもいいですね』
　他の子どもたちにとっても、思考が深まるヒントになると考え、意図的に他の子どもたちにも聞こえるような声で話すこともあります。

ポイント 黒板を子どもたちに開放するという価値観

「黒板が文字でいっぱいになってきた～！」
「もう書くところがないよ」
「書くところはまだあるよ。その隙間空いているよ」
「いすを使って書いたら？」

　この黒板に書いている時間、子どもたちはいきいきと自分の考えを書きます。自分の意見を口頭で伝えることが苦手そうな子どもたちもいますが、文字にして書いて伝えるということにはさほど抵抗を感じていませんでした。

　黒板は教師のものと考えている子どもたちもいるかもしれません。しかし、子どもたちは、黒板に書くことが好きです。黒板はみんなで作り上げるものという感覚をもたせていきたいものです。

　どんどん文字で埋め尽くされていく黒板を見ながら、笑顔に変わって

いった子どもたちがいました。黒板には自分の意見が自分の字によって刻まれ、参加している気持ちがより一層高まるようでした。もっと書きたいという気持ちをもつ子ども、みんなが書いていないものを書きたいという気持ちをもつ子どもも出てきて、自然と板書を読む姿も見られました。

また普段は、一つ書いたら終わりにしてしまう子どもが、二つ、三つといつもよりもたくさん書く姿が見られました。まずは「**質より量**」という目標を達成できたように思いました。

ポイント　制限なし

人数や年齢による制限はありません。どの学年からでも始められます。

ポイント　変化の付けやすさ

黒板に書く前に、「一つ書いたらノートを持ってきてください」という方法もあります。赤丸を付けたり、「書いていいですよ」と意見を認めたりすることがあると、安心でき、より自信をもつことにつながると思います。どの方法であっても、子どもたちが、たくさんの意見をもつこと、友達と意見を交流することを楽しむ時間にしたいです。楽しいと感じることができれば、コミュニケーションが楽しいことに気付くはずです。

〈黒板より抜粋〉※一部漢字表記に直しました。
3枚の写真から気付くこと
①みんな仲良く（6）　　②みんな嬉しそう
③楽しく遊んでいる（2）　④倒れてても怒らない
⑤みんな笑顔（2）　　　⑥みんなで楽しく
⑦おもしろそう　　　　⑧楽しそう（2）
⑨笑顔　　　　　　　　⑩みんなにこにこ
⑪けんかしていない（2）　⑫男女関係なく遊んでいる
⑬みんな楽しく遊んでいる

4　白い黒板が完成した（児童全員の意見が書かれた）後、黒板に書いてある事柄についての意見を聞く

『書いたことをもとに、思っていることを話していきましょう。理由を言ってもいいです。特に、ということを話してもいいです』
「私は、『みんなにこにこ』を書きました。ドミノをみんなで並べて楽しかったからです」
「ぼくは、『みんな笑顔』を書きました。みんなで遊んで楽しかったからです」
「私は、『男女関係なく遊んでいる』を書きました。みんな一緒にいるからです」

ポイント 文字に全て表しきれない内面

「意見と理由はセット」という言葉を使いながら、書いた意見とその思いを全員で共有する時間を作ります。

5　聞いたり、黒板に書いてあることを読んだりしたことを通して、これからどうしたいかなどの視点で、ノートに書く

『みんなと遊ぶとき、どのように過ごすと気持ちがいいのでしょうか？

これから意識したいことを三つ書きましょう』

意見を共有したり一通り読んだりした後に、この1時間の振り返りを行います。

> 〈ノートより抜粋〉※一部漢字表記に直しました。
> ・物を投げない。けんかしない。楽しく遊ぶ。
> ・奪い合いをしない。怒りを出さない。仲良く遊ぶ。
> ・けんかしない。仲良くする。みんなと遊ぶ。
> ・おこらない。威嚇しない。投げない。
> ・暴力をふるわない。暴言を言わない。楽しく遊ぶ。
> ・人がたくさんいると楽しくなる。ドミノを倒しても怒らない。
>   むかつかない。楽しそうに遊ぶ。

振り返りでも自分の考えた意見をノートに残すことができました。初めに気付いたこと以外のことをノートに書いている子どもがいました。友達が黒板に書いたことを受け入れ、書くことができた姿ととらえることができます。

4 日常的・発展的な活動例

質より量の大切さは、多くの場面で取り入れていくことができます。日常的に活動を取り入れることで、友達とつながっていけるだけでなく、言葉を知り、意見の量をより増やしていくことができます。教科指導や学校行事等も視野に入れ、取り組んでいきたいものです。教科指導に関しては、初めにも述べましたが、「白い黒板」にこだわるものではなく、45分のうちの15分など時間を区切った量の大切さを感じさせる活動もいいのではないでしょうか。

(1) 国語での詩の学習で

詩の学習に入る前に、詩の題名にちなんだ写真を用意します。そして、

気付いたことをたくさん書かせます。「①**質より量、②細かいところにも着目する**」の二つを伝えます。その後、実際の詩を聞かせ、詩について感じたことを箇条書きで書かせます。写真から入ると、詩の表現と実物とのギャップが生まれやすいです。そのため、「なぜ〜と表現したのだろう？」という疑問が上がりました。また子どもたちは、詩の表現にふれながらも、自分たちで同じところを見つけられたところに嬉しさを感じている様子も見られました。「質より量」を意識させることで、観察眼を鍛えることもできます。

(2)「白い黒板」につなげた取り組み
・行事との関連

　運動会や音楽発表会など、行事当日、本番に向けての思いを黒板に書きます。力を合わせないと成功しない行事だからこそ、一人ひとりの思いの高まりを共有し、一致団結して行事に挑みたいところです。

　本番後も「成功した秘密は？」というテーマを設定し、考え、本番までの取り組みを振り返ることができます。本番だけ頑張ればよいのではなく、本番までの取り組みの大切さにも目を向けていきたいです。

・日々の目標設定や振り返り

　子どもたちに考えさせたいテーマとして、
〇写真から気付くこと
〇みんなが〇〇するために必要なこと
〇１学期成長したこと（毎学期実施）
〇なぜ〜することができるようになってきたのか。
〇学習ルールとは何か
　などがあります。

　学校は「公」の社会です。日々の生活を意識して行動し、時に個人や学級で振り返りをすることで、人との考え方の違いにもふれ、よりよい関係性を深めていけることと思います。

第２章　コミュニケーション力を育てる10の授業　● 049

4 「3つあります」スピーチの導入

モデル文から文章構成を考える
🌀 感想発表・成長ノートへ

後藤　航（菊池道場山形支部）

1 ねらい

　授業や行事、委員会活動など、学校生活のさまざまな場面で感想や意見を話すことがあります。しかし、一言だけの短い話であっという間に終わったり、だらだらと、まとまりのない長い話になったりすることが多く見られます。そして、話をすることに苦手意識を抱いている子どもも少なくありません。

　では、そのような子どもに対して、どのような指導が必要なのでしょうか。おそらく、「自由に話してごらん」といった漠然とした声かけでは、十分に話せるようにはならないはずです。

　そこで、子どもが話しやすいように、ある程度、文章の型を示すことが有効です。時と場合に応じてさまざまな型を示すことがありますが、ここでは基本的な「3つあります」の型を紹介します。

「3つあります」の型

「感想が3つあります。
　1つ目は〜。（詳しい説明）
　2つ目は〜。（詳しい説明）
　3つ目は〜。（詳しい説明）
この3つが感想です」

おすすめのポイント

①スピーチの型が安定しているので安心して話すことができます。
②突然の指名にも、慌てないで話すことができるようになります。
③話したいことを整理して話すことができるようになります。
④聞き手は、何をどれだけ聞けばよいのかが前もって分かるので、安心して話を聞くことができます。

2 主な展開

　本時は「3つあります」の型を用いたスピーチの指導を行います。1時間の授業の流れは次の通りです。

　　　　●「3つあります」スピーチの導入　1時間の主な展開 ●

1．話をする際に難しいと思うことを全体で共有する。
2．モデル文を提示し、気付いたことを共有する。
3．「ナンバリング」と「ラベリング」について説明する。
4．全体で「3つあります」スピーチの練習をする（暗唱）。
5．「3つあります」スピーチに挑戦する（レベル1）。
　※理由を3つ説明する（詳しい説明は不要）。
6．「3つあります」スピーチに挑戦する（レベル2）。
　※理由3つに対する詳しい説明まで話す。
7．「3つあります」スピーチに挑戦する（レベル3）。
　※時間制限あり、感想を話す。
8．本時の振り返りをノートに書く（可能ならば「3つあります」で）。

　この活動のポイントは、雰囲気づくりです。以下のことを意識し、自分の考えを安心して話せる、温かな空気を広げていきましょう。

---

①話し手や聞き手に望ましい参加態度（拍手やうなずき、笑顔など）をしている子どもを見つけ、黒板の端にメモをしながら全体の前で紹介します。それをまねする子どもが少しずつ増えていきます。
②「3つあります」の3つに何を選ぶのか、そこに自分らしさが表れていることを伝えます。内容や理由が一人ひとり違ってよいことを伝え、失敗を恐れずに挑戦できるようにします。
③スピーチを始める前に、友達が途中で困ってしまったら、ヒントを伝えるなどして助けてあげることを確認します。

第2章　コミュニケーション力を育てる10の授業　● *051*

3 展開例

1　話をする際に難しいと思うことを全体で共有する

『生活の中で感想や意見を発表したり、スピーチをしたりすることがありますよね？話をするのは簡単ですか？それとも、難しいですか？』
「簡単かな」
「いや、難しいでしょ」
『人数を聞きます。簡単だと思う人？難しいと思う人？』
　一部の子どもは簡単だと答えたものの、残りの大半は難しいと答えました。
『どんなところが難しいと思いますか？』
「話す内容を考えるのが難しいです」
「話し始めると頭が回らなくなります」
「少ししか話すことができず、時間が余ってしまいます」
『文章構成がまとまると、簡単に話せそうですね。今日は、文章構成を考える力を高めていきましょう』
　文章構成がまとまらないまま、あるいは話の見通しがもてないままスピーチを続ける中で混乱が生まれ、結果としてうまく話せないことが、子どもたちの感想からも分かります。
　「文章構成を考える力を高めよう」というめあてを立てました。

2　モデル文を提示し、気付いたことを共有する

そこで「3つあります」スピーチのモデル文を紹介します。
『それでは先生が、上手にスピーチができる裏技を教えます。この文章を見てください。何か気付いたことはありませんか？』

「私の好きな食べ物」
〈初め〉
<u>私の好きな食べ物は、カレーライスです。理由が3つあります。</u>
〈中〉
<u>1つ目は、</u>ご飯がとてもおいしく感じるからです。
普段はあまりおかわりをしませんが、カレーだと2～3杯くらいぺろっと食べてしまいます。
<u>2つ目は、</u>ゴロゴロした野菜やお肉が好きだからです。
具材が大きいと食べ応えがあります。お店のよりもお母さんの作るカレーの方が、具材が大きいので好きです。
<u>3つ目は、</u>ピリ辛の味付けが好きだからです。
もともと中華料理などの辛い味付けが好きですが、特にカレーはスパイスが効いていておいしいと思います。
〈終わり〉
<u>私がカレーライスを好きな理由は、この3つです。</u>
（自分でも、おいしいカレーライスを作れるようになりたいです）
〈結び〉
（何か質問はありますか？）
<u>これで、私のスピーチを終わります。</u>

※子どもに提示する際には、下線が引かれていないものを使います。
※（　）の部分は、発達段階に合わせて、余裕があれば指導するようにしましょう。

「初め、中、終わりは聞いたことがあるけれど、結びって何？」
『説明文の勉強をよく覚えていたね。書くときと違って、話すときには、これで話が終わることを相手に伝えないと、どこで終わりなのかが分からないね。それを示すのが結びの役割だよ』
「なるほど」
「どこが裏技なのかな？」
『初め、中、終わり、結び、みんなだったら、どこを話すのが苦手かな？』
「中が難しい」
『だったら、そこに裏技が隠れているはずじゃないかな？』
「分かった。１つ目、２つ目、３つ目ってところだ」
『どうして、そのように話すといいの？』
「理由がいくつあるのか、分かりやすい」
「聞く方も聞きやすいよね？」
『なるほど、その通りだね。他には、ないかな？』
「理由を言った後に、それについて詳しく説明しているよ」
「話の内容も深まっているね」
『またまた大正解！』

3 「ナンバリング」と「ラベリング」について説明する

「３つあります」スピーチで用いる話法について説明します。
『これらの裏技を「ナンバリング」「ラベリング」と言います』
「どういう意味ですか？」
『番号を付けることを「ナンバリング」、見出しを付けることを「ラベリング」と言います。これらを使うことで、内容を整理して話すことができるようになります。この「３つあります」スピーチを行うことで、ナンバリングやラベリングを自然に身に付けることができ、文章構成を考える力が高まります』

4　全体で「3つあります」スピーチの練習をする（暗唱）

　まずはスピーチの型を正しく身に付けることが必要です。少しずつ例文を隠していき、楽しみながら「3つあります」の型に慣れさせていきます。

『では、みんなで音読をしてみましょう。1回読んだら、少しずつ文章を隠していきます。正確に話すことができるかな？』

```
文章を隠す順番
　①例文の二重線部分
　②例文の下線部
　③例文全て
※発達段階によっては、②まででも構いません。
```

5　「3つあります」スピーチに挑戦する（レベル1）

　3～4人組を作って「3つあります」スピーチを行います。まずは理由を3つ話すことに集中させ（詳しい説明は不要）、全員が「できた」と思えるようにしましょう。

　テーマは先程と同じ「好きな食べ物」にするか、または違うテーマ（好きな教科など）を設定します。発達段階に合わせて決めましょう。
『では早速、「3つあります」スピーチに挑戦してみよう』
「えー、できるかな…」
『最初から完璧にできる人などいませんね。少しずつ上達していけばよいのです。まずは例文と同じく、「好きな食べ物」について話してみよう。みんなが、どんな食べ物について話すのか、先生は楽しみです。詳しい説明はいらないから、理由を3つ話すことに集中してやってみよう。では、4人組になって始めましょう』

6 「3つあります」スピーチに挑戦する（レベル2）

　3つの理由に対する詳しい説明を付け加え、スピーチの内容や長さをレベルアップさせます。

『みんな理由を3つ話せたので、レベルアップさせましょう。次は、それぞれの理由について詳しい説明も付け加えてみてください』

「難しそうだな…」

『じゃあ、お題は変えずに「好きな食べ物」でやってみよう。まずは、1つ目の理由の説明から頑張ってみよう。1つ目ができたら、2つ目、3つ目も挑戦してみよう』

「それなら、さっき話したからできるかも…」

7 「3つあります」スピーチに挑戦する（レベル3）

　3回目にもなると、少しずつ余裕をもてるようになった子が増えてきます。そこで、前の時間の授業の感想や友達のスピーチに対する感想など、今までとは違う角度からテーマを設定するのもよいでしょう。

『「3つあります」スピーチに慣れてきた人もいるようですね。今までは理由を3つ話してきましたが、次は感想を3つ話すことに挑戦してみましょう。時間も計って、1分間、話し続けてみよう！』

「できそう。やってみたい」

『では、1人目のテーマは、1時間目の体育の感想です』

〜1人目のスピーチ〜

『では次に2人目の人、同じテーマだと思ったでしょう？残念。さらにレベルアップします』

「えっ、違うの？」

『2人目の人は1人目のスピーチに対する感想を3つ話してみましょう。きっとみんななら、できるはずだよ』

「できるかな？難しそうだけれど、やってみよう」

8 本時の振り返りをノートに書く

「3つあります」スピーチを行ってみての感想をノートに書かせます。
『実際に「3つあります」スピーチをしてみて、どうでしたか？今までのように、自由にスピーチをした時との違いはありましたか？「3つあります」の型に合わせて話すことのよさなどに気付くこともできたかな？感想をノートに書きましょう』

(1) 「3つあります」のよさについて

> 一つ目は、話したことです。理由は、「3つあります」というかたちにすることで、聞く側としては、構成がきちんとしていて、分かりやすさをアップし、内容も理解してくれる人も増えると思うからです。

> 一つ目は、話し方のお手本となったことです。理由は、いつも話すのが苦手だったけれど、「3つあります」ということで、少し話すのが苦手だったけど、何を言うか分からなくなっちゃう人ですけど、三つ決めているとすらすら言えて楽に話せた事です。

> 二つ目は、おだいが決まっていると、どうしてもあせってしまっていたけれど、

> 一つ目は、いつもは感想など言ってはいないけど、三つぐらい言ってみて、一分が短く感じました。二つ目は、一分が長く感じじたけど、三つ言ってみて、一分が短く感じました。

> 一つ目は、楽しくできたことです。私は話すことが苦手だけど、何度もくり返し、数人としただけで、難しい→楽しいに変わりました。

　文章構成を整理することで、話し手だけでなく、聞き手にとっても内容を理解しやすくなることを実感したようです。また、話すことに対する苦手意識も軽減された様子が見て取れます。

(2) 今後に向けて

最後に、今後の授業や学校生活の中のどんなこと、どんな場面に活かすことができるのかを共有します。
『この1時間で身に付けた力を授業や学校生活など、どんな場面で活かせそうですか？』
「朝の会でのスピーチです」
「ディベートやプレゼンでも使えそうです」
「作文などの文章を書くときにも役立ちます」
『さまざまな場面で活かせそうですね。さらに力を高められるように頑張っていきましょう』

> 三つあります。スピーチは、頭の回転をはやくするスピーチの練習になるためシャディベートや作文でもつかっていこうと思います。

4 日常的・発展的な活動例

(1) ほめ言葉のシャワーの感想発表に活かす

毎日の帰りの会で「ほめ言葉のシャワー（友達の頑張りや成長を伝え合う活動）」を行っています。主役の子どもは友達からたくさんの「ほめ言葉」をもらい、最後に全員に向けて感想を発表します。最初の頃は、長い文章で話したり、感想を2つまでしか話せなかったりした子も多く見られましたが、少しずつ「感想が3つあります」と自信をもって話せる姿が増えてきました。

(2) ディベートやプレゼンなどの授業に活かす

根拠や理由を明確にして自分の考えを主張する際にも「3つあります」スピーチは非常に有効です。

ディベートでは、主張の根拠を羅列するだけで何を伝えたいのかが分かりにくかったり、意見が深まらなかったりすることがあります。しかし、根拠を3点に絞ることで主張の内容が明確になり、意見や反駁によって肯定側・否定側、それぞれの意見を深めやすくなります。

国語科ではビブリオバトル（推薦図書のプレゼン）を行いました。限られた時間の中で、自分が選んだ本の魅力を紹介しなければなりません。その本を読んでいない人にも十分に魅力を伝えるために、「おすすめのポイントが3つあります」と最初に述べることで、聞き手に伝わりやすいプレゼンを行うことができました。

(3) 成長ノートを用いた振り返りに活かす

定期的に「成長ノート」（教師が与えたテーマについて、考えを深めるノート）に自分や学級の成長を振り返らせています。「3つあります」作文の指導により、書く力を高めることもできます。

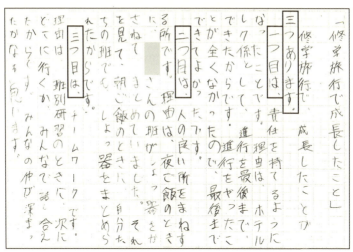

「3つあります」の型を日常的に用いることで、話す力と書く力の両方が高まり、自信をもって自己表現できる子どもが増えていきます。

【参考文献】
・菊池省三　著『小学校楽しみながらコミュニケーション能力を育てるミニネタ＆コツ101』学事出版
・菊池省三　他著『人間を育てる　菊池道場流　作文の指導』中村堂

第2章

5 スピーチ力を伸ばす授業

子どものスピーチからよいところを見つけ出させる
🗣 コミュニケーション能力の公式

西村　昌平（菊池道場岡山支部）

1 ねらい

　多くの子どもたちは、人前でひとまとまりの話をすることに大きな不安感をもっています。新しい学年の初め、学級の人間関係が十分にできていない時などは特に、その気持ちは強まるでしょう。そんな中で、自分のことを自分で紹介する「自己紹介」には、内容を考えることも含めて負担感は増すことが予想されます。

　そこで、隣の人のことをみんなに紹介する「他己紹介コンテスト」を行います。「しゃべる」・「質問する」・「説明する」という3つの対話の要素を含むこの活動は、コミュニケーションの場として機能するだけでなく、お互いを知って関係を深めることにもつながります。

　不安感を抱いている子どもたちに安心感をもたせる上で重要なのが、聞き手の存在です。スピーチ力を伸ばそうとするとき、どうしても話し手の指導にばかり目が行きがちです。しかし、それと同じぐらいに聞き手の指導が大切です。**よい聞き手がよい話し手を育てるのです。**話し手の心理的抵抗をなくすような聞き方を指導します。たとえ話せなかったとしても、話し手の不安感に寄り添い、前に立ったことだけでもほめる、みんなで具体的なよさを見つけ合う、内容の中のその子らしさを認め合う。そういったサイクルの中で、話し手と聞き手を同時に育てたいと思います。このような活動が、ぬくもりのある集団の雰囲気を醸成し、学級づくりにも通じるのだと考えます。

　「人前でひとまとまりの話ができる」というスピーチ力を、どの子にもつけさせたいものです。その土台となる、45分間の具体的な指導の流れを以下に紹介します。

2 主な展開

　この時間の中心活動は、**「他己紹介コンテスト」**です。質問をして、隣の人を紹介し合うゲームをします。

● 「他己紹介コンテスト」1時間の主な展開 ●

1．「紹介」の意味を知る。
2．「他己紹介」の内容を知る。
3．2人1組になってジャンケンをし、インタビュアーを決める。
4．インタビュアーは次の質問からスタートする。
　「○○は好きですか」（時間は3分間）
5．インタビュアーは、質問した内容をメモする。
6．メモにそって「他己紹介スピーチ」（1分程度）をする。
7．スピーチのよいところを見つけ、発表させる。
8．子どもたちの意見を4つに分けながら、板書に位置付ける。
9．子どもたちの意見をまとめた黒板を使って、「コミュニケーション能力の公式」を伝える。
10．この時間の感想を成長ノートに書く。

　この活動では、ゲーム感覚の「コンテスト」という形をとることで、人前で話すことのハードルを下げることをねらいます。そして、他己紹介のスピーチを終えたあと、そのよさをみんなで考え、見つけ出させる活動を組むことで、「コミュニケーション能力の公式」を伝えたいと思います。用意された貼り物で一方的に公式を伝えるのではなく、子どもたちの言葉から価値を引き出し、整理して意味づけることが大切です。
　次のように伝え、コミュニケーション能力の大きさは、相手への思いの強さであるということを、体験を通して実感させます。

💡 コミュニケーション能力（話す力・聞く力）の公式

コミュニケーション能力＝（声＋姿勢・態度＋内容）×相手意識

3 展開例

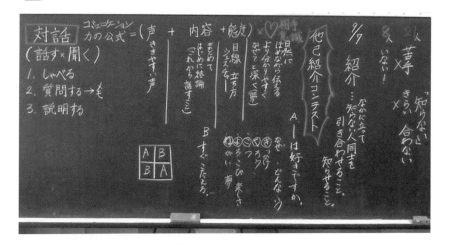

1 学級の人間関係を問う

　黒板に「苦手」「きらい」「合わない」と書き、次のように問いました。
『2学期の初めの成長ノートに、「苦手な人にも自分から話しかけて、友達になりたい」と書いた人がいました。素晴らしいですね。ちょっとみんな伏せてください』
『正直、今のクラスに苦手だな、きらいだな、合わないなと思う人が1人でもいる人、手を挙げてください』
　21人が手を挙げ、8人が「そういう人はいない」に手を挙げました。
『正直に教えてくれて、ありがとう。でも、本当に「きらい」なのでしょうか。その人のことを「きらい」なのではなくて、「知らない」だけなのかもしれませんね。今、2学期のスタートです。もっといろいろな人と対話をして、相手を知る・自分を知ってもらうという体験をしてほしいです。話す・聞くから成る「対話」には、①しゃべる、②質問する、③説明するの3つがあります。対話力を今日は鍛えましょうね』
　子どもたちはうなずきました。学級の人間関係を問い直し、「相手を知る」という目的意識を共有することで、本時の導入としました。

2 「紹介」の意味を知る

　黒板に「紹介」と書きます。その時間の中心となる言葉や資料を示して、ずばりとテーマに迫っていく方法をとります。みんなで読んだあと辞書の意味を問うと、
「知らない人同士を引き合わせること」
「なかに立って、知らない人同士を知らせること」
　子どもの発言を板書します。

3 「他己紹介コンテスト」を知り、質問の内容を考える

『今日は自己紹介ではなく、他己紹介です。相手の好きそうなものを予想して聞いて、思いを引き出してください』
　教師が質問のやりとりを見せることで、モデルを示します。
『〇〇さんは、陸上を頑張っていますよね。陸上は好きですか』
「はい、好きです」
『なぜ、好きなんですか』
「新しい記録が出た時が嬉しいからです」
　ここで、学級全体に返して問います。
『〇〇さんに、いろいろ聞きたいよね。どんなことを聞きたいですか』
「どんな種目をしているのですか」
「いつから陸上をやっているのですか」
『いいですね。他にも、こんなことを聞くとその人のことを深く知ることができます。「きくこよね」です。知ってるよね』
子どもたちの頭に「？」が浮かんでいます。
『㋕っかけ、㋗ろう、㋙つ、㋵ろこび・楽しさ、㋬がい・夢。〇〇さん、陸上の喜びはとか、社会科見学で工場の人に、仕事の上での苦労はとか聞くと、深まりますね』
「ああ～」
　質問内容の見通しをもたせることができました。

4　質問をする

『隣同士でジャンケンをしましょう。勝った人がA、負けた人がBです。Aの人が質問します。Bの人は、すぐに答えてあげてください。メモして、あとでみんなに紹介してもらいますから。時間は3分間です。隣の人と向き合いましょう。それでは用意、始め』

「○○は好きですか」「はい、好きです」「それはなぜですか」……

　子どもたち同士の質問が飛び交います。黒板を時々見ながら、次々と質問が続いていきます。相手の内面を深掘りしようとする真剣さとたくさんの笑顔が印象的でした。にぎやかな雰囲気になってきました。

5　班の中で、他己紹介をする

『班の中で、A同士でジャンケンをします。負けたAの人は、班の中でBの人を紹介してもらいます。勝ったAの人は、みんなの前でBの人を紹介してもらいます』

「ジャンケン…！」

　ジャンケンが盛り上がります。自然と拍手や笑顔が生まれます。

『では、負けたAの人は、班の中でBの人の紹介をしましょう。時間は1分間です。3分で聞いたことを、1分にまとめるのです。終わったら、拍手ですね。準備はよろしいですか。それでは用意、始め』

「○○さんは、英語が好きだそうです。英語で苦労することは、読めな

いところがあって難しいことだそうです。英語の喜びは、初めは読めなかったものが読めるようになってきたことだそうです」

「○○さんは、甘いものが好きで、特に果物ではメロン、お菓子ではクッキーが好きです。クッキーの種類の中では、抹茶やチョコチップが好きだと聞きました」

相手から引き出しメモしたことをもとに、具体的に伝えていました。

6　みんなの前で他己紹介のスピーチをし、そのよさを考える

班の中で、相手のことをしっかりと伝えて責任を果たしていたことをほめ、次の活動に移ります。

『では、勝ったAの人、前で他己紹介をしてもらいます。これ、コンテストですから、スピーチのどんなところがよいかを見つけてくださいね。誰からいきましょうか』

積極的なある女の子が一番に手を挙げました。みんなの前に立ち、隣の席の男子を紹介します。

「私は、○○さんの好きなものについて発表します。○○さんの好きなことはゲームです。理由はおもしろいからだそうです。なぜおもしろいのかと聞くと、カセットそれぞれのおもしろさがあるからと言っていました。カセットの種類の中でも、アクション系のゲームが好きだそうです。なぜアクション系が好きなのかと聞くと、豪快で派手なことができるからと言っていました。これで終わります」

みんなから、大きな拍手を受けました。すかさずみんなに聞きます。

『今の○○さんのスピーチのよかったところは、どんなところですか』

たくさんの手が挙がります。みんなの気持ちの温かさをほめて、指名していきます。

「時間が少なかったのに、ちゃんとまとめていてすごいなと思いました」

「最初に、何について話すかを言っていて、聞きやすかったです」
「なぜ、なぜ、なぜと深く探っていたのがすごいなと思いました」
『あ〜、なるほどね。よく聞いていましたね。よく考えたね』
　と、子どもたちの発言を受け止め、板書に残します。その時、「コミュニケーション能力の公式」の４分類を意識して、声・態度・内容・やる気と分かれるように、４つの場所に振り分けながら板書していきます。

　スピーチのよさの発表が続きます。
「スピーチの中で、相手をほめていたのがいいと思いました」
「こつを聞いた時に、聞きやすかったとほめていたので、自然にほめ言葉が言える人だなと思いました」
「なぜのところまで聞けていました」
「声の大きさが、聞きやすかったです」

　子どもたちの言葉、みんなで見つけた価値で、板書はできていきます。

各項目の主な内容
○声　　　…声の大きさ、速さ、発音、アクセント、抑揚、口調、
　　　　　　間、息づかい
○態度　　…礼、姿勢、目線、表情、身ぶり手ぶり
○内容　　…一定時間内に筋道を立てて伝えたい事がら
○相手意識…やる気、目的意識、表現意欲

「子どもが変わる！大人も変わる!!コミュニケーション授業」（2008年　菊池省三　株式会社フラウ）より

7 「コミュニケーション能力の公式」を伝える

　授業の最後に、子どもたちから出た意見を黒板を使ってまとめました。
『算数と同じで、対話力・コミュニケーション能力にも、公式があるのを知っていますか』
　そして、子どもたちの意見の上の部分にラベルをつけるように、下の内容を板書しました。

コミュニケーション能力＝（声＋内容＋態度）×相手意識

『コミュニケーション能力の大きさは、相手への思いの強さです。声や内容や態度は確かに大切です。でも、どんなにそれらがすばらしくても、自分から一歩前に出て話そうとか、聞いてあげようとかという「やる気」、みんなや相手を思う「相手意識」がなければ、コミュニケーション能力は伸びません』

8 この時間の感想を成長ノートに書く

『この時間の感想を、成長ノートにみっちりと書きましょう』
　実際にクラスメイトとの対話を体験し、自分たちでよさを見つけたからこそ、コミュニケーションのよさや価値に迫ることができたのではな

いかと、子どもたちの成長ノートを読みながら考えました。次のような感想がありました。

<感想>
私は、今日の授業を受けて人と接するのが少し安でしたが、話し始めると自然と笑顔になって楽しかったです。

例えば苦手な人がいても、話をきくと共感だったりおもしろくなったりして様々な発見ができ、自分を開く言う方も、きく方も気持ちよく知る、知ってもらうことはこんなにたのしいんだと分かった。

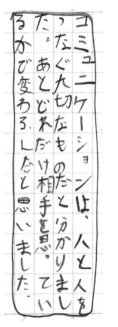

コミュニケーションは、人と人をつなぐ大切なものだと分かりました。あとじれだけ相手を思っているかで変わるし、なしと思いました。

コミュニケーションでは相手誠意が一番大事だということ。そこが0ではいみがない。公式の塔えが0にしてしまいます。だから、相手のことを思ってそれの一つに公式を使って、もっとたくさんの人のことを知りたい。

自分のことを聞いてもらうこと、それから知ってもらえる感じがした。コミュニケーション力の

「公式」という言葉は、子どもたちに馴染みが深く、心に残ったようでした。相手意識がかけ算だから、そこが0では意味がないということを学んだようです。自分の内面を知ってもらって相手とつながることができるコミュニケーションのよさを実感できたのではないかと思います。

4 日常的・発展的な活動例

(1) 朝の会での日直のスピーチで

朝の会での日直のスピーチでの一コマです。この日は、お勧めの本の紹介でした。その人のスピーチのよさをみんなで見つける活動を毎日しています。話し手も聞き手も育っていきます。人前で話すことへの安心感を土台に、よりよいスピーチの在り方を考え育てていく上では、日常的な指導は欠かせません。

どこがよかったのか、なぜよかったのかを、「コミュニケーション能力の公式」にあてはめてプラスに評価し合うことで、スピーチ力の向上につながっていくと考えます。

(2) ほめ言葉のシャワーで

ほめ言葉のシャワーにおいても、だれが何を発言し、そのほめ言葉をどう意味づけ・価値付けしていくかは重要です。話し言葉は、発すれば消えていくものですから、教師が板書して残しておくことで、あとで振り返ったり、お礼のスピーチの材料にしたりするのにも有効です。

なぜよいと言えるのか、その根拠として「コミュニケーション能力の公式」にある「声」・「内容」・「態度」・「相手意識」の４つで考えるようにします。視点が定まり、美点凝視がしやすくなるでしょう。よい聞き手が育つ中で、よい話し手を育てていきたいと思います。

第2章

6 対話力を伸ばす授業

ヒーロー・インタビューから傾聴力のポイントを学ばせる
🔄 対話力の公式

堀井　悠平（菊池道場徳島支部）

1 ねらい

　授業中、子どもたちが対話している姿を見て気になることがあります。それは、話の聞き方です。話し手に目が向いていない、手遊びをしながら聞いている子が多くいます。このような聞き方では、当然対話が深まっていくことはないでしょう。

　菊池省三先生は、「傾聴することが話し合いや対話の基本だ※」と言います。傾聴とは、相手の話を一生懸命に聞くことです。うなずきやあいづちなどのスキル面はもちろんですが、しっかりと相手の話を受け止める態度を育成することも重要です。ここでは、これらを総称して「傾聴力」と呼ぶことにします。学年の初めから傾聴力を育てるトレーニングを繰り返し行うことで、よい聞き手が育ち、それが対話力を伸ばしていくことにもつながっていくと考えます。

　そこで、傾聴力をトレーニングする活動として「ヒーロー・インタビュー」をします。この活動は、コーチングの第一人者である本間正人先生が質問スキルや傾聴スキルを実践する活動としてよく行っているものです。「ヒーロー・インタビュー」でのねらいは以下の2つです。

　1つめは、傾聴力のポイントを活動の中で学ばせることです。「コミュニケーション力はコミュニケーションの中でしか育たない」という言葉があるように、活動する中で傾聴力のポイントを学べるようにします。

　2つめは、学級の人間関係を豊かにするということです。本間先生は、この活動の効果の1つに「心の距離が近くなり、親近感がわくようになる」と言います。心と心が通ったコミュニケーションを体感させることで、子どもたちが聞くことの大切さに気付くのではないかと考えます。

※「明日の教室DVDシリーズ22　対話活動を大切にした授業づくり」(有限会社カヤ)より引用

2 主な展開

　それでは、対話力を伸ばす授業の展開を紹介します。本実践は、担任している６年生30名（１名欠席）に行った授業を基に構成しています。
　菊池先生は、コミュニケーション指導のゲーム化を図ることが大切とした上で、１時間の授業の流れを次のように示しています。

| ゲームの目的や方法の説明→活動（ゲーム）→振り返り |

　今回の実践では、前半に授業のねらいと、活動の進め方やポイントをテンポよくつかんでいきます。そして、後半には実際に活動を行い、振り返りを書きます。

●「ヒーロー・インタビュー」１時間の主な展開●

１．対話力の公式を知る。
　①『対話力＝話すこと×聞くこと』
　②対話力が最大になるかけ算の組み合わせを考える。
２．「傾聴の三拍子」を知る。
　①「うなずき、あいづち、くり返し」の３つであることを知る。
　②３つを練習する。
３．「ヒーロー・インタビュー」をする。
　①教師がインタビューの手本を見せる。
　②傾聴のポイントや質問の仕方を説明する。
　③役割を誕生日の早い順で決める。（早い方が質問、遅い方が答える）
　④制限時間２分間でインタビューをする。
　⑤交代して行う。
４．「他己紹介」をする。
　①４人組を作る。
　②じゃんけんで紹介する順番を決める。
５．授業の感想を成長ノートに書く。
　①キーワード３つを作文の中に入れる。
　②書いた後に全体の前で発表する。

3 展開例

1 活動のねらいを知る

　授業が始まると「対話力」と黙って黒板に書きます。
『対話は言葉のキャッチボールです。対話でボールを投げることは？』
　すぐに、「話すこと」と答えました。
『じゃあ、ボールを受ける人は？』
「聞くこと」
　黒板に「対話力＝話すこと×聞くこと」と書き、問いました。
『対話力が最大数になるかけ算の組み合わせは何×何の時でしょうか。例えば、AとBの2人のうち、Aさんが一方的に話すと10×0で答えは0です。逆も同じですね。Bさんが少しでも話せば、9×1で答えは9になります。それでは、ペアで相談しましょう』
　子どもたちは、九九を口にしながら考えています。
「5×5の時に、一番大きな数になりました」
　黒板に「5×5が最大値」と書きました。
『対話力と聞くと、話すことに目が行きがちです。でも、対話は言葉のキャッチボールだよね。聞く人がしっかりボールをキャッチして、相手に丁寧に返さないとキャッチボールにはなりません。聞く人がいるから対話ができるんだよね。今日は聞く力を伸ばす楽しい活動をします』
「楽しい活動って何するの？」「コミュニケーションゲームですか？」楽しい活動と聞いて、子どもたちは興味津々の様子です。

2 活動の仕方を知る

　活動のねらいを説明した後、「○ー○ー・インタビュー」と書きました。「えっ、何だろう？」「分かった！クーラー・インタビューだ」教室は笑いに包まれました。場が温まったところでヒントを出しました。
『放送席、放送席、本日の○ー○ーは9回裏にサヨナラホームランを打

った柳田選手です。ナイスバッティングでした』
　と、おもちゃのマイクを片手にアナウンサーのものまねをしたのです。「あっ、ヒーロー・インタビューだ！」と、元気な声が返ってきました。そして「誰にインタビューするの？」「何のヒーローなの？」と、口々に言っています。
　子どもたちの声を背に「最もうれしかったこと」と黙って書きました。『これまでいろいろなうれしかったことがあったでしょう。誕生日のこと、優勝したこと、妹が生まれたことみんな違うはずです。今日は、インタビューをして友達の最もうれしかったエピソードを聞き出します。答える人は、ヒーロー気分で答えてくださいね。まずは、先生がインタビューのお手本を見せます。誰かヒーロー役になってくれませんか？』
　数名手が挙がる中で、いつもは控えめなＡさんを指名しました。
『Ａさんの最も嬉しかったことは何ですか？』
「幼稚園の時に初めての友達ができたことです」
『それは素敵なことですね。友達になったきっかけは何ですか？』
「確か…、その友達が声をかけてくれたんです」
『声をかけてもらったときはどんな気持ちになりましたか？』
「私は、友達ができるか不安だったので、すごく嬉しかったです」
『ちなみに、そのお友達は…このクラスの中にいますか？』
　子どもたちもＡさんのエピソードに引き込まれています。
「はい、Ｂさんです」
　自然と拍手と歓声が起こりました。Ｂさんも嬉しそうです。
『素敵なお友達なんですね。これからも一生の友達でいてください』
　目を合わせニコッと微笑んだ２人に再び拍手に包まれました。活動への見通しがもてたところで、黒板に詳しい説明を書きました。

①順番を決める（誕生日の早い順　先「質問」後「答える」）
②インタビューをする（２分）※交代する
③４人組を作り「〇〇紹介」をする　※〇〇は後から考えさせる
④ふり返りを書く

第２章　コミュニケーション力を育てる10の授業　●　073

3 「ヒーロー・インタビュー」をする

　活動の前に、黒板の左隅に「傾聴」と書きました。「何て読むのだろう？」と首をかしげています。読み方を確認した後、国語辞典で意味を調べさせました。「相手の話に熱心に耳を傾けること」だと答えました。続けて、黒板に「①うなずき②あいづち③くり返し」と書き、傾聴の３つのポイントを説明しました。

>　①相手の話を**うなずき**ながら聞く。
>　②「なるほど」「あ～」などの**あいづち**を入れる。
>　③相手の言葉を使って**くり返し**たり、質問したりする。

　説明しながら、子どもたちとうなずきやあいづちを練習しました。
『今から「ヒーロー・インタビュー」をします。隣の友達と２人組を作りましょう』
「先生、Ｅさんが休んでいるからＣさんが１人になってしまいます」
　子どもたちは、心配そうにＥさんを見ています。
『では、Ｃさんには一番素敵な笑顔の２人組を見つける審判をしてもらいましょう。Ｃさん、しっかりと見てジャッジしてね。それでは、インタビューを始めます。用意、始めてください』
　教師の合図とともに、一斉にインタビューが始まりました。しばらくすると、受け答えに困っている様子の２人組がいました。
『どうしたの？』
「どうやって質問したらいいのか分からないんです」
『質問の仕方だね。Ｄさんの嬉しかったできごとは何かな？』
「田舎のおばあちゃんの家で遊んだことです」
『なるほど。それじゃあ「いつ、どこで、だれが、何を」を使って質問してみたらどうかな。例えば、「いつ田舎のおばあちゃんの家に行くんですか？」「田舎のおばあちゃんの家では何をして遊びますか？」とかね』
　困っていた２人の表情が和らいできました。

> 「質問します。どこで遊んだのですか？」「近くの川です」
> 「えっと…、川では何をして遊んだのですか？」「石積みや水泳です」
> 「石積みってどんな遊びですか？」「石を高く積み重ねる遊びです」
> 「何段積むことができましたか？」「たしか…最高は11段です」
> 「11段積み上げたときどんな気持ちでしたか？」…（続く）

　質問のポイントを確認したことで、リズムが出てきました。その他には、次のようなやりとりがありました。

> 「今までで一番嬉しかったことは何ですか？」
> 「誕生日にプレゼントをもらったことです」
> 「どんなプレゼントをもらったのですか？」
> 「はい、新しいサッカーのスパイクを買ってもらいました」
> 「それは、どんなスパイクですか？」
> 「ヨーロッパの有名なサッカー選手と同じ赤いスパイクです」
> 「お〜。そのサッカー選手のことが好きなんですか？」
> 「はい、僕の憧れのサッカー選手なんです」

　時間になると、「えっ、もう2分？」「あっという間だった」と言う声が聞こえてきました。ここで、子どもたちにアンケートを取ります。
『話を聞くときに、うなずいた人？…いいですね。じゃあ、あいづちを入れた人？…おっ、なかなかやりますね。これは、難しいよ。繰り返しが使えた人？…さすが、上級者ですね。最後に、2分間ずっとインタビューを続けられた人？』
「はいっ！」全員の手が挙がりました。
『さすが！2分間しっかり聞くことができれば合格です』
　と全員をほめた後、黒板に「笑顔チャンピオン」と書きました。
『みんな笑顔が素敵でしたが、その中でも特に笑顔が素敵だった2人組を審判のCさんに選んでもらいます。Cさん、発表してください』
「笑顔チャンピオンは…、FさんとGさんのペアです」の声に、みんな

第2章　コミュニケーション力を育てる10の授業　● 075

笑顔で拍手を送っていました。選ばれた2人も嬉しそうです。そして、黒板の「笑顔チャンピオン」の下に2人の名前を書きました。

4 「他己紹介」をする

黒板に書かれた「○○紹介」を指さしながら、問いました。
『○○に言葉を入れて読める人？』
すかさず、「自己紹介！」と答えました。
『おしい！○己紹介です。自己の反対の言葉は何ですか？』
「え～分からない」「何だろう？」子どもたちには難しいようです。そこで、「他己」と漢字を書いて読めるかを問いました。
「たこしょうかい」とすぐに答えました。
『今から2人組で移動します。そして、出会った2人組と4人組を作ってください。そして、自分のペアの友達の紹介をしてもらいます。だから「他己紹介」と言います』
すると、「友達のことをどうやって紹介するんですか？」と不安そうに尋ねてきました。そこで、以下のような話し方の例を黒板に書きました。

○○さんの「最もうれしかったこと」を紹介します。
それは、□□□□□□□ことだそうです。
○○さんにインタビューすると詳しく教えてくれました。
（インタビューで聞いたことを話す）
これで○○さんが「最もうれしかったこと」の紹介を終わります。

黒板に書き終わると、「少し話をまとめる時間がほしいです」という声があがりました。そこで、2分間は紹介文を考える時間にしました。
『時間が来ました。まずは、ペアで移動して4人組を作りましょう』
ペアが決まらず戸惑っている2人組は、教師が相手を決めました。
『それでは、「他己紹介」をします。まずは、1人目です。1分間で紹介をしましょう。用意、始めてください』

> 　Aさんの、今までで「最もうれしかったこと」を紹介します。
> 　それは、誕生日に家族がお祝いをしてくれたことだそうです。Aさんは、うれしそうに、プレゼントでもらったサッカーのスパイクの話をしてくれました。そのスパイクは、ヨーロッパの有名なサッカー選手の…（中略）…。
> 　これで、Aさんが「最もうれしかったこと」の紹介を終わります。

　話している途中で、ペアの子に確認をして話す子もいました。紹介される子は、嬉しそうに友達の話を聞いています。この時も、うなずきやあいづちなど、傾聴のポイントを意識しながら話を聞いていました。

5　振り返りを書く

『今から、振り返りを書きます。今日のキーワードは「対話力」「傾聴」の２つです。この２つの言葉を入れて書きましょう。時間は３分間です。ノートがびっしり埋まるぐらい書きましょう』

　一斉に鉛筆が素早く動き始めました。時間が来たところで、数名に振り返りを発表させました。

> 　今日の授業の中で私が一番印象に残ったことを話します。それは、傾聴することで、相手の思いが伝わってきたということです。人の思いや心の中は見えません。しかし、なぜか今日は少しそれが伝わってきました。まるで、友達の心の中を見ているようでした。
> 　これからも傾聴を意識して、対話力を高めていきたいと思います。

　傾聴することの本質に迫っているHさんの発言を大いにほめました。
　授業後のことです。数名の子どもたちがやって来て「『ヒーロー・インタビュー』楽しかったのでまたやりたいです。次はいつするんですか？」と尋ねてきました。楽しい活動になったようです。

4 日常的・発展的な活動例

　子どもたちは、なかなか会話を続けることができません。質問をしても、一問一答でその後が上手く続いていかないのです。それは、連続で質問をしていくことや、会話を続けていくことの経験が少ないことが一つの原因と考えます。そこで、「ヒーロー・インタビュー」の前に「引用質問ゲーム」を取り入れた発展的な授業展開を紹介します。以下のような流れで授業を展開していきます。

> ①対話力の公式と傾聴のポイントを知る。
> ②「引用質問ゲーム」をする。
> ③「ヒーロー・インタビュー」をする。
> ④「他己紹介」をする。
> ⑤振り返りをする。

「引用質問ゲーム」は、あくまで「ヒーロー・インタビュー」へのステップです。相手の言葉を引用して質問や会話をすることで、会話が続いていくことを楽しみながら体感させるのです。

(1)「引用質問ゲーム」のやり方を知る

　黒板に「引用質問ゲーム」と書き、次のように説明をします。
『引用とは、人の言葉や文を自分の話や文の中に引いて用いることです。簡単に言うと、相手の言葉を使って話したり書いたりするということです。「引用質問ゲーム」は友達の言葉を引用して質問をすることで、しりとりのように会話を続けていくのです』
　そして、黒板にゲームの流れを書きます。

> **ゲームのやり方**
> ①2人組になり、じゃんけんで順番を決める。
> ②しりとりと同じ要領で、2人組で会話を時間いっぱい続ける。
> ③制限時間内で、会話の数が多い方が勝ち。

　続いて、以下のような例を黒板に書き練習させました。

> A「昨日は公園で遊んだよ」B「公園では何をして遊んだの？」
> A「野球をして遊んだよ」B「Aくんは野球が好きなの？」
> A「うん、Bさんは野球に興味ある？」B「私は野球よりサッカーかな」

(2) 会話が途切れてしまう言葉や態度を考える

『しりとりには負けになるルールがあるよね？』

「言葉の最後に「ん」がついたら負けです」

『では、「引用質問ゲーム」の中でしりとりの「ん」となるような態度や言葉を考えましょう』

子どもたちからは次のような考えが出されます。

しりとりで「ん」にあたる言葉	しりとりで「ん」にあたる態度
・分かりません	・無反応
・知りません	・無視する
・さあ　など	・目を見ない　など

『今出てきた言葉や態度は使わないルールにします。あくまでゲームなので、あまりかたく考えすぎず会話を楽しみましょうね。それでは、始めますよ。2分間です。用意、スタート』

このゲームの感想を聞くと「想像以上に会話を続けるのは難しい」「会話の終わりの方の言葉を引用すると分かりやすい」といった声が聞かれます。ゲームに慣れるまでは、会話を続けるのは難しいようです。子どもたちの様子を見て回り、そっとアドバイスするようにしましょう。

一方で、このゲームを体験した後に「ヒーロー・インタビュー」をすると、「友達の言葉を引用して質問できた」「友達が自分の話をしっかり聞いてくれているのが伝わってうれしかった」といった感想が出てきました。このように、学級の実態に応じてスモールステップで授業を展開することで、子どもたちは安心して活動に取り組むことができるのです。

子どもたちの対話力を伸ばすには、こうしたゲームなどを用いながら、年間を通じて継続して取り組んでいくことが重要です。そして、対話力の向上は子どもたちの人間関係を豊かにし、学級経営にもプラスの影響を与えていくことができるのです。

第2章

7 チームで考え合う授業

よい話の３条件で立場を決めて話し合いをさせる
🧭 コミュニケーションゲームをきっかけとした少人数による話し合い

藤澤　稔（菊池道場広島支部）

1 ねらい

「少人数による話し合い」。このことから、子どもたちのどんな姿をイメージされるでしょうか？また、「話す・聞く力」を育むために、どのように位置付けて取り組んでいらっしゃるでしょうか？

あるテーマや課題について、いろいろな立場で意見を交わしたり、考えをもちよって問題を解決したりすることについて、多くの子どもたちは、その経験をあまりもっていません。

そこで、少人数のチームをつくり、「チームで協力して話し合う体験」を積ませます。その際、コミュニケーションゲームを用います。

日常的なコミュニケーションゲームの中で、議論に欠かせない「引用する」「質問する」「反論する」という、３つの要素を体験させながら、その力を高めていくことをねらいとしています。授業では身構えてしまう子どもたちも、ゲームならば自然に夢中になる機会をもつことができるからです。友達と意見を交わす楽しさや、より多くの視点で考えるおもしろさを味わうこともできます。

話し合いを深めようとすると、話形を示したり手順を伝えたりと、形式的な指導になりがちですが、まずはチームで話し合うおもしろさを体験させることが大切だと思います。「おもしろい」「それ、いいね」など、素直なやりとりを高めていく中で、よい話の３条件、「①分かりやすい、②ためになる、③ユーモアがある」を伸ばしていくのです。子どもたちには、自分の考えを自分の言葉でいきいきと語ってほしいと思っています。意見の衝突を恐れず、たとえ稚拙であったとしても、今まさに感じたこと・考えたことを伝えられる力は、学習を深めることにつながると考えています。

2 主な展開

　この時間のねらいは、チームで話し合うことの楽しさを体験させることです。活動として、**「どうして？どして？」**ゲームを行います。

> **1時間の主な展開**
> 1. 友達と楽しくかかわることについて考える。
> 2. 「どうして？どして？」のやり方を知る。
> 3. レベル１：２人１組（ジャンケンで質問者、回答者を決める）
>   質問者は「○○は好きですか」と質問する。
>   （食べ物や遊び、スポーツ、テレビ番組など）
>   回答者は、「はい、好きです」（「嫌いです」）で答える。
>   質問者が「どうしてですか？」と理由を尋ね回答者がそれに答える。
>   質問者は、「他の理由はありますか？」と繰り返す。（30秒、1分）
> 4. 感想を交流し、立場を交代して繰り返す。
> 5. レベル２：２人で１チームのチーム戦（人数は４人）
> 6. テーマを示し、チームごとに立場を決めさせる。
>   それぞれの立場で意見を考える。（「作戦タイム」（２分））
>   反対派チームから、「どうして賛成なのですか？」と、理由を問う。
>   賛成派チームは、理由を答える。回答者は質問ごとに交代する。
>   反対派チームは、回答に対して「どうして○○だと思うのですか？」と、さらに質問を重ねる。
>   次に、賛成派チームが反対派チームに、同じく理由を問う。
>   やりとりはラリー形式で行う。答えられなくなると終わる。
> 7. 振り返りを行う。

子どもたちの人間関係にも合わせながら、次の３点を心がけます。

> （１）時間は短くても、何回も向き合う・声をかけ合う・笑い合う。
> （２）自分の立場をもたせる。
> （３）形式や話形、役割分担にとらわれない。

第２章　コミュニケーション力を育てる10の授業　● 081

3 展開例

1 友達と楽しくかかわることについて考える

『これから一緒に学んでいく友達です。もちろん、楽しく過ごしたいですね。「楽しく過ごす」というのは、どんなイメージですか？』

最初に友達とかかわることについて考えさせます。振り返りによる価値付けを深めるためです。

「一緒に遊ぶ」「笑いが絶えないこと」「みんな遊びができる」「男女の仲がいいクラス」「けんかやいじわるがないこと」

子どもたちが、生活上のイメージをもっていることが分かります。そこで、温かく優しい人間関係が、授業の中でこそ必要になってくることを話します。感じ方や捉え方の違いを、発見や学びの広がりとして、大切にしてほしいと思います。

『おもしろく楽しい友達の関係も大事にしたいですね。でも、お互い学び合ったり競い合ったりできる仲間としての楽しさも味わえるようになってほしいと思います。考え方の違いを大切にし、みんなの声でいろいろな発見が楽しめる授業をつくっていきましょう』

「学び」というのは、内容を覚えていくだけのものではなく、創造的なものであるということを伝えました。

2 ゲームのやり方を知る

『では、これから、**「どうして？どして？」ゲーム**をします。ゲームです。教室の雰囲気を明るくしたいです』

子どもたちは、沈黙していたりちらほらと拍手をしたりします。

『緊張している中でも、拍手をしてくれた友達がいます。おかげで気持ちが和らぎますね。ありがとう』

『拍手にはいろいろな効果があります。リラックスをうながすこともできるのです。拍手は、強く・短く・元気よくします。指の骨が折れるぐ

らい大きな拍手をしましょう』
　拍手は、必要感のある場面でその効果を話していくことが大切です。
『1年間、温かい拍手のあるクラスをつくっていきましょう。では、改めて説明をします。「好き」「嫌い」という立場を決めて、その理由を答えるゲームです』
　　　──《ゲームの説明を行う》──
『では、向き合って挨拶をしましょう。始めます』
　　　──《　　30秒を計る　　》──

> **ポイント（1）**
> **時間は短くても、何回も向き合う・声をかけ合う・笑い合う。**

　初めは短い時間で行います。子どもによっては、沈黙を打破できない状態も考えられます。何度もやりとりできれば、ほめるチャンスです。

3　評価を入れる

　価値付けは、コミュニケーション力を育てるという点で行います。菊池実践では、直接言葉になって表れないものを「非言語」と捉えています。初期の活動では、特に、非言語に表れる「やる気」「集中力」、友達への「やさしさ」「気遣い」を認め、広げていきます。また、ほめる時には、事実を見取り、価値とその理由を添えた上で認めていくように、声をかけることが大切です。

> 《声かけのポイント》
> ・友達に体を向ける速さ　　・表情（笑顔で）
> ・目線の配り方　　　　　　・始めや終わりの挨拶
> ・身振り手振りなどの様子　・あいづちや首をかしげる仕草
> ・声の大きさ、歯切れよさ　・やりとりすることができる時間
> 　⇨（優しさ、気遣い）　　　⇨（心を向ける、興味をもつ）

　実際に、机間巡視をしながら、次のように声をかけていきました。
『すぐに質問をすることができています』『笑顔がいいですね』
『うなずくと、安心してもらえますね』
『きちんと理由を答えると、友達も納得してくれます』

『自分の意志をきちんと伝えることができています』

何気ない仕草や表情などを見取り、声をかけます。見てもらえているという安心感や親近感を共有できるように心がけます。

多くの友達とかかわることができる学級集団の安心感を育むためには、時期を問わず、こういった活動は日常的に行うことが必要だと思います。

ここで、「好き」「嫌い」という立場を示すだけでも、そこには必ず理由があることにふれます。逆に理由がないと感じる気持ちを共有し、理由の必要性を価値付けます。

4　人数を増やし、チーム戦とする

雰囲気も明るくなり、やりとりがスムーズになったら、チーム戦にします。

> **ポイント（2）**
> **自分の立場をもたせる。**

『では、人数を4人に増やします。2対2のミニミニ討論大会です。理由を答えられなくなったら負けです』

隣同士や縦並びの2人組で行うと、その後のグループ学習も効果が上がります。テーマは次のようなものを考えました。

> ・遠足は、少しぐらい遠くてもしっかり歩いて行くべきである。
> ・学校の図書室には、マンガを置くべきである。（歴史マンガは除く）
> ・6年生のように、5年生も2年生のお世話をするべきである。
> ・牛乳を飲む時には、いちいちストローを使わずに飲むべきである。
> ・屋上でも給食を食べることができるようにするべきである。
> ・校長室は子どもも自由に入って校長先生と話ができるようにするべきである。
> ・うどん、ラーメン、そば、パスタのうち、なくしてもよい麺類は。

新学期ということもあるので、子どもたちの期待感に沿うものや意外な見方ができそうなもの、行事に関係するようなものを選びます。

『作戦タイムを取ります。チームとなった2人で、意見を交流します。

相手の質問を予想して、どのように答えるか準備します』
　初期の段階では、お互い顔を見て話す時間を長く取るようにします。ここではノートに意見を書くことはなく、会話が盛り上がるようにほめていきます。実際、次のような声かけを行いました。
『お互い笑顔だと、話もしやすいですね』
『思わず笑ってしまうぐらい、意気投合していますね。いいなあ』
『拍手して笑っています。よっぽど、意見が合ったのかな。気持ちを受け止めてもらえると、嬉しいですね』
『逆の立場で考えていますね。すごい。準備万端です』
『このクラスのラリー回数は、最高で何回いくと思いますか』
　1年間の指導計画の中でも、チームでの対話体験を積み重ねていく時期と位置付けているため、形式的なことは示しません。子どもたちからは本音や意外なアイディアなど、楽しい意見がたくさん出ました。

　ゲーム中は、「話すときの目線」「ジェスチャー」「語り口調な語尾」「ルールへの意識」「ペアの友達に意見をうながす姿勢」などをほめます。内容や伝え方よりも、ゲームへの参加意識や相手への思いやりが表れる言動を価値付ける工夫が大切です。
　ここで、テーマ『屋上でも給食を食べることができるようにするべきである』での子どもたちのやりとりを紹介します。（各チーム5分）

Aグループ：反対側から質問
反対1：「どうして賛成なのですか？」
賛成1：「屋上は景色がいいし、食べていて気持ちがいいからです」
反対2：「雨が降ったら、どうするんですか？」
賛成2：「大きな丸いやつ、パラソルをさせばいいです」
反対2：「ゲリラ豪雨だったらどうするんですか？」
賛成1：「その時は仕方ないから教室で食べます」
賛成2：「年に1回ぐらいだし」
反対1：「でも、教室で食べると景色が見えないよ」

> Bグループ：反対側から質問
> 賛成1：「どうして反対なのですか？」
> 反対1：「給食を運ぶのが大変です。特に1年生は重くて危ない」
> 賛成2：「エレベーターがあるから使えばいいんじゃないですか？」
> 反対2：「エレベーターは4階までしかありません」
> 反対1：「それに、そこから階段を使うと混雑するからです」
> 賛成1：「クラスや学年で分けたらいいんじゃないですか？」
> 反対2：「細かくなりすぎて大変です」
> 反対1：「それに屋上もせまいから、誰も屋上で食べなくなるかも」

それぞれ5分間で、3回分の質問をやりとりします。

子どもたちは、状況や場面を自分たちで想定し、次々に話を進めていきました。意外な意見に笑いが起こったり、学年や立場を考えた意見に納得していたり、楽しそうに対話することができました。また、友達が答えに戸惑っている時に、すかさず代わりに答えている姿も見ることができました。

中には、1人だけが答えているチームもありました。そんな時は、「今のことは、○○さんはどう思う？」と、こちらから発言の機会を促します。対話のテンポをコントロールすることも必要です。

5　振り返り「一人でのやりとり」と「チームでのやりとり」

最後に振り返りを行い、子どもたちの気持ちを引き出しながら、価値付けを行います。

> 2人でチームでやると
> ○味方がいるから安心する
> ○自分がまちがえても、友達が助太刀してくれる　【分かりやすい】
> ○するどくつっこまれても2人で考えられる⇒分からないことは教えてもらえる
> ○話し合えるから意見がたくさんふえる⇒どんどん話し合いが進む

　1人の時とチームで行った時の気持ちの違いを押さえることで、友達と対話することの意味やその価値を伝えます。体験を通して、その意義が実感できる時に話をすることで、習慣化されていくようにします。
　コミュニケーションゲームは、トラブルが起こったり思うように効果が得られなかったりすることもあります。また、直接トラブルが解決したり、短時間で学習の雰囲気や学級のチームワークが確立されたりするものではありません。
　ですが、初対面で話したことがない子どもたちが「話すきっかけ」となる、「らしさ」が表出する、友達とかかわり「意見を集める」「様々な意見にふれる」「練り合う」体験をさせる、学習を深めるためにも身につけさせたい「模範モデルを引き出す」など、様々な効果があります。最後に本時1時間を終えた後の子どもたちの感想です。

第2章　コミュニケーション力を育てる10の授業 ● 087

4 日常的・発展的な活動例

1 学習への進展

> ポイント（3）
> 形式や話形、役割分担にとらわれない。

　コミュニケーション活動を日常的に行うと、「ペア」や「グループ」で意見のやりとりが習慣化されていきます。授業でも、自然に相談する姿を見ることができるようになりました。「それ、いいね」「すごい」など、ユーモアのある雰囲気でのやりとりが意外な意見を引き出します。

2 理科『アブラナのしくみ』の中で

　まず、課題に対して自身の立場をもたせ、ノートに意見を書き出します。些細なことでも違いを大切にし多面的に捉える力を育てるためです。
『もう決めたという人から立場を示しましょう（カードを提示）』

　菊池実践では、自分の顔を型取ったカードを掲示します。こうすることで、意思を表示するとともに話し合いに参加する責任を示すことができます。また、意見を共有することにもつながります。ここで、より多くの意見を集めたり見方を広げたりするために次のように指示します。
『では、黒板を見て、同じ立場の人と４人組でチームを作ります。作戦タイムを取ります。理由を詳しく考えましょう。友達の意見は青ペンで付け足します。できるだけたくさんの理由を考えましょう』

　同じ立場でも、理由が違うこともあります。チームの中でその違いにふれることで、『違いを楽しむ』『一人ひとりの感じ方を尊重する』ことを学ぶことができました。身振り手振りやイラストなどを用い、工夫して考えを伝えようとする姿、資料をじっくり観察して、根拠を見つけようとする姿勢を見ることができるようになります。友達と協力すること

で、より多くのことに気付いたり説明したりすることができます。

3　社会科『漁師さんの工夫』での授業

　社会科では主体的に資料を活用する力を育てるためにディベート的な話し合いをもちます。その際、根拠を添えた意見をチームで準備します。

チームで意見を準備する過程で、学習内容も押さえることをねらいます。コミュニケーションゲームでの体験を生かし、その活動内容を学習へと発展させていくのです。

　『漁師としてこだわりたいのは、1本釣りか網漁か』というテーマでディベート的な話し合いをチームで行いました。

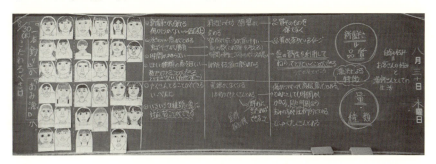

　チームは、4人で構成します。意見がやりとりしやすく、そのスピードも速くなるからです。4人以上は多くのやりとりが難しくなります。

　学習場面では、得意不得意から子どもたちの関係性が決まってしまいがちです。しかし、コミュニケーションゲームを通じて、チームで話し合うという体験を積み重ねておくと、学習場面でも「引用する」「質問する」「反論する」という対話に必要な力を育てていくと同時に、学び合う楽しさを育むことにつながると考えています。

【参考文献】
菊池省三　他著『「話し合い力」を育てるコミュニケーションゲーム62』中村堂
菊池省三　関原美和子　著『菊池省三の学級づくり方程式』小学館
菊池省三　菊池道場　著『個の確立した集団を育てる学級ディベート』中村堂

第 2 章

8 即興力を鍛える授業

チャップリントークで自分の言葉で話をさせる
💭 ディベート

曽根原　隼（菊池道場山形支部）

1 ねらい

　子どもたちが自分の考えを発表しようとしてもうまく話すことができなかった。書いたことしか発表できなかった。こういったことは多くの教師が経験しているのではないでしょうか。
「教科書に何と書いてあったかな」「辞書に書いてないかな」
　このような、習ったことだけを話したり外に答えを求めたりする授業だけでは即興的に自分の言葉で話す力は高まりません。対話は、即興的に自分の言葉で話すことの繰り返しです。子どもたちが対話的に学ぶためには、即興的に自分の言葉で話す力も育てていく必要があります。
　菊池実践ではディベート学習に力を入れています。ディベート学習では、即興力に乏しく自分の言葉で話せない子は、よい意見があってもうまく話すことができず、結果として学び合いが不十分に終わってしまうことがあります。対話を通した深い学びを実現するためにも、即興で自分の考えを話す経験を授業の中で積み重ねていくことが必要です。
　そこで、即興力を鍛えるコミュニケーションゲーム「チャップリントーク」を中心とした授業を行います。このゲームは喜劇王チャーリー・チャップリンが行っていた即興で話す力を磨くためのトレーニングです。これを取り入れることで、学級の全員が即興的に話すことを楽しみながら学ぶことができるでしょう。ここでは次の力を育てることをねらっています。

①与えられた題に関連したスピーチを即興的にまとめて話すことができる
②友達らしさを楽しみ合いながらゲームを楽しむことができる

2 主な展開

即興で話す力を鍛える1時間の授業の流れは次の通りです。

●「チャップリントーク」の1時間の展開例●

1. 「即興力」の意味と「チャップリントーク」の内容を知る。
2. 4〜5人グループをつくり、A4判の紙を1人あたり5枚配る。
3. 教師がお題を出す。例：「今日のお菓子」
4. お題から連想する誰もが分かる言葉を1枚に1つ、合計5枚書く。
5. 紙を集めてシャッフルし、裏返しにグループの真ん中に置く。
   （話し始めるまでは紙に書いてある言葉を見てはいけない）
6. スピーチをする順番を決める。
7. 1巡目開始。スピーチする子は立ち上がり、紙を一枚引いて表にして書いてある言葉を見る。**3秒以内**にその言葉に関係することを話す。自分の書いた言葉だった場合は引き直す。
   「私にとって○○（書いてあった言葉）とは、〜です。理由は〜です」「私が考える○○とは、〜です。理由は、〜です」のような発表をする。
8. 聞いている人は「うんうん」「なるほど」などの**あいづちを打ちながら聞く**ようにする。
9. 2巡目は、**理由を3つ**話す。聞き手は発表者に対して質問をする。
10. 3巡目も理由を3つ話す。質問は、**前の質問者の質問と関連させ**、掘り下げていく。
11. 最後にノートに振り返りを書く。

この授業では大切にしたいポイントが3つあります。
①4〜5人の小グループで行い、子どもたちが発表しやすくする。
②1巡ごとにレベルを設定することでスモールステップによる達成感を味わわせる。

③「私にとって〇〇（書いてあった言葉）とは、〜です。理由は〜です」
「私が考える〇〇とは、〜です。理由は、〜です」のように話すことで、自分事でスピーチさせる。

3 展開例（6年生での実践）

1 「即興力」の意味と「チャップリントーク」の内容を知る

　黒板に「あまり発表できない」と書き、次のように問いました。
『授業中に発表がなかなかできないということはありますか』
　ほとんどの子どもたちがうなずきました。そこで、それはなぜかをペアで話し合った後、発表しました。
「答えがあまり分からない時です」
「自分と同じ考えの人がいるか不安になる時です」
「どう説明をしたらよいのか分からない時です」
「パッと発表できないんだよな…」
（板書）子どもたちの発表できない理由を書く。
『そうだよね。自分の考えをパッと発表できるようになりたいですね。そういう力を即興力といいます』
「即興力？」
『そうだよ。今日はこの即興力を高めるための勉強をします。せっかく勉強するのですから楽しくしたいですね。楽しいゲームをしながら即興力をつけていきましょう』

「やったあ！」

　即興力を説明後、「即興で考えて話す力をつけよう」というめあてを立てました。

2　チャップリントークの手順を説明し、準備する

（掲示）チャップリントークの１時間の流れが分かる掲示物を貼る。
『今日は、チャップリントークというゲームをしながら勉強します』
『チャップリンを知ってる人いますか？』
「…。知りません」
『知らないよね。素直に答えてくれてありがとう。チャップリンは、昔、音のない映画だった時に活躍した人で、「喜劇王」と呼ばれた人なんだ。でも、実は緊張しやすくてスピーチが苦手だったんです』
「ええ？私と同じだ…」
『そんなチャップリンは、自分の周りの人にお題を出してもらい、それをテーマに即興でスピーチをして練習していたのです』

　過去の有名人もスピーチが苦手だったことに、驚きと共感があったようです。
『では、チャップリントークの準備をしましょう。
（板書）「私の好きなお菓子」をお題として提示する。
　板書の後、Ａ４判の紙を５枚配り、好きなお菓子の名前を書かせ、全員の紙を集め、シャッフルしてグループの真ん中に置かせました。

3　１巡目のチャップリントークを行う（レベル１）

（板書）レベル１
　　　　発表者「私にとって〇〇とは、〜です。理由は〜です」「私が考
　　　　　　　える〇〇とは、〜です。理由は、〜です」「３秒以内」
　　　　聞き手「うんうん」「へえ」「なるほど」
『レベル１は、「私にとって〇〇（書いてあった言葉）とは、〜です。理

由は〜です」「私が考える〇〇とは、〜です。理由は、〜です」のどちらかを使って理由を一つ話します。全員が3秒以内に話し始めることをめざしましょう』

「ええ？3秒！？」

子どもたちは驚いた様子を見せました。答えられるかどうか不安な様子の子もいました。そこで、次のような声かけをしました。

『今回皆さんがする発表は、どこにも答えはありません。あるとしたら、自分の頭や心の中にあります。一人ひとりが違っていていいのですよ』

すると、ある子が次のように答えてくれました。

「一人が美しい（一人ひとりが自分の考えをもって行動できるようになるための価値語）ですね」

『その通り！チャップリントークでは、一人ひとりが考えをもち、その考えが違っているからこそ、いろいろな考えに出会えて楽しいんだね』

また、ここで聞き手の態度も指導します。

『聞き手は、「うんうん」「なるほど」「へえ」というように、友達が気持ちよく発表できるようにあいづちを打ってあげましょう』

話し始めの指導はもちろん、どんな意見でも共感しながら聞くことを指導することも安心してスピーチできるポイントです。

『それでは、紙をめくって書いてある言葉についてスピーチしましょう。もし自分の書いたものだったらすぐに次の紙をめくること』

「えーー！！」

自分の書いたものではないと聞いた子どもたちは驚きましたが、何が出るのか分からないワクワクする気持ちから笑顔いっぱいです。

『最初にスピーチする人は立ちましょう。用意、スタート』

子どもたちの1巡目のスピーチは次のようなものがありました。

「わたしにとって芋けんぴとは…え〜、芋けんぴってなに？多分芋でできているからあまり好きじゃありません！」

「ぼくにとってガムは、かんだときに味が濃くてうまいからです」

「わたしにとってポテトチップは、カリカリして、おいしいものです。

理由は、コンソメ味がおいしくてカリカリしていたからです」

　スピーチでは、最初の例のように子どもたちが知らないものも出てくることもありますが、想像して話していました。即興だからこそ生まれる思いがけないようなおもしろいスピーチを楽しむことが大切です。その次の例のように、理由だ

けになってしまっても、子どもたちは、「アハハ、理由だけになっちゃったね」と言いながら、スピーチを楽しんでいました。
『さすが！全員が即興力をつけ始めていますね』
「先生、もう一回やりたいです」
　全員が楽しくスピーチしようとしていたことを拍手しながら大いにほめました。もっとやってみたいという気持ちをもつことができたので、レベル１をもう一度行い、全員が目標を達成しました。

4　２巡目のチャップリントークを行う（レベル２）

　ここまでの学級の様子を見ながら、レベル２を提示します。本時では、展開例通りに進めました。

（板書）　レベル２
　　　　発表者：「理由は３つあります。１つ目は〜です」
　　　　聞き手：レベル１＋発表後に感想を話す。
『レベルを上げます。レベル２は理由を３つ話しましょう』
「えー！３つも言えるかな？」
『時間がかかってもいいですので、３つ頑張ってみましょう。聞く人は、一生懸命発表してくれた人に質問してあげましょう。用意、始め！』
「私にとってせんべいとは、日本という印象があります。理由は３つあります。１つ目は、せんべいは他の国にはないものだと思うからです。２つ目は、塩味やしょう油味など、日本独特の味のいろいろなせんべいがあると思うからです。３つ目は、せんべいはお米でできていて、日本で

昔から大事にしている米で作っているから日本のものだと思うからです」
「私は、しょうゆ味の濃いせんべいが好きなんですけど、あなたは何味が好きですか」
「私は塩味です」
「せんべいはアメリカには本当にないんですか」
「あるにはあると思うけど、日本ほど売ってはいないと思います」

　3つの理由を話すことは難しいようにも思いますが、短い理由づけをしながらスピーチすることができました。

　質問し合う場面も、「聞いて考えて話す」という即興力を鍛える大事な場面です。すすんで質問しようとする姿勢を全員の前で大いにほめることで、意欲的に質問することができました。

5　3巡目のチャップリントークを行う（レベル3）

　2巡目の様子から、発表者は即興を楽しみながら3つの理由で話すことができていました。そこで、3巡目はさらにレベルを上げました。

（板書）　レベル3

　　　　発表者：「3つあります。」で1分間話し続ける。
　　　　聞き手：前の人の質問に関連する質問をする。

『レベル3は理由を3つ話すだけでなく、1分間話し続けましょう』
「1分って長くない？」
「今までよりちょっと理由を詳しく話せばいいのかな？」
『レベル2ができた人はきっとできるはずですよね』
『聞く人は、1人目は今まで通りですが、続いて質問する人たちは前の人の質問につなげて質問しましょう』
「え、難しそう！」
『そうだね。でも、前の人が質問して答えたら、答えの中から「〜って言ったじゃないですか」と言いながら聞いてみると質問しやすいですよ』

「ああ、なるほど！」
『せっかくスピーチしたり答えたりしてくれたんだから、質問しながら深掘りしていきましょう』
　3巡目では次のようなスピーチがありました。
「私にとってポテトスティックとは、一番大好きなお菓子です。理由を3つ話します。1つ目は、たらこバターっていう味が大好きだからです。たらこバター味を食べたことがある人はいますか？私はたらこバターを初めて食べたときにすっごくおいしいと思って、それからハマって結構食べるようになりました。2つ目は、お母さんだけじゃなくて、おばあちゃんにも買ってもらって、それがうれしくて、私にとって思い出の味になったからです。3つ目は、…何だろう。あ、パッケージが豪華で、個性的でいいなと思ったからです。動物の模様があって、確かキリンか何かの絵だと思うんですけど、それがいいなと思いました。それからバーコードのあたりにもギャグが書いてあって、それが楽しみで買っています。だからポテトスティックは一番大好きなお菓子です」
「結構食べるって言ったじゃないですか。では、今まで食べてきた中で、一番『これはない！』と思った味は何ですか」
「しょうゆ味みたいなのがあったんですよ。あれが無理でした。やっぱりたらこバターが一番です！」
「たらこバターが好きと言いましたが、ぼくはたらこバターと同じくらいに関東のりだしっていう味があって好きなんですけど、それはどう思いますか？」
「それもおいしいと思います」
「たらこバターと同じくらい好きな味はありますか？」
「同じくらいっていうのはないけど、サラダ味もその次に好きです」
　3巡目ともなると、子どもたちはかなりスピーチに慣れ、自分の思いや質問をたくさん話します。中にはゲームということではなく、スピーチの内容や質問することを通しての対話を楽しむ子も出てきました。

第2章　コミュニケーション力を育てる10の授業　●　097

6 振り返りをノートに記入する

　子どもたちに本時の振り返りをノートに書かせます。
『チャップリントークの感想をノートに書きましょう』
　授業中の発表に対して不安や心配を抱いていた子どもたちですが、ゲーム感覚で楽しみながら即興で話す力の大切さを実感できたようです。児童の感想を読んでみると、次のような感想がありました。

> 一つ目は、その物について意見が言えなかったりやっぱ答えがなくて答えるのが無い物たちの言えた言えなかった。ぼくは得意な物、数とか。今回初めて知ったけど、意見を言えた。

> わたしは、エレベーターのおかげで、考えたことをどんどん言えたと思います。理由は、レベル三の一分間に三つ言うときに、タイムオーバーしても、ギリギリ二つ言えたからです。最後はレベル三も言えなかったけど、短くても言えました。

> 一つ目は笑顔が生まれることです。チャップリントークで言うと即興で言うとちょっとおかしな答えが出たりして笑ってしまいますするとみんな笑顔につつまれたのでそのようなことを感じました。

　習ったことや外に答えがあるものではなく答えのないものを自分で考えたことで、友達の考えに納得したり新たな物事を知ったりできたという達成感を得た子がいました。
　スモールステップを意識したレベル分けも効果的だったようです。
　また、即興であるがゆえに起こりうるユーモアのある発表を楽しみながら取り組めたという感想もありました。上の感想にも「みんなが笑顔につつまれた」という言葉がありますが、この他にも「楽しかった」「またやりたい」と、即興的に話すことに対して前向きにとらえる感想がとても多く見られました。

4 日常的・発展的な活動例

(1) チャップリントークをアレンジする

全員が楽しみながらスピーチするためには、子どもたちの実態に合わせてルールを変えてもよいでしょう。例えば、低学年でレベル１が難しい場合、理由を省き「私にとって○○とは〜です」から始めることもできます。ルールにしばられるのではなく、子どもたちが楽しみながら即興で話す経験を積むことが大切です。

(2) 教科に取り入れ、自分の言葉で話す振り返りにする

社会科の授業を振り返る場面で、チャップリントークを応用し、学習用語をカードに書いて即興で振り返りスピーチをしました。学習したばかりで自分の言葉で説明することは難しい子もいましたが、繰り返し行うことで、即興で自分なりの説明をすることができるようになりました。また、発表後に質問し合うことで、社会的な事象の理解を深めることができました。振り返りに慣れた頃、理由付けする際に資料を提示しながら話すようなアレンジもしました。資料を提示しながら話すことは、ディベート的な学習などの対話的な学びの中で生かされます。

(3) ディベート学習に生かす

ディベート学習では、質問に対しての回答や反駁の場面で即興的に自分の言葉で話す力が重要になってきます。普段から自分の言葉で即興的に話せるようにすることを授業の中で意識していくと、ディベート的な学習でも自分の意見を即興で話せるようになっていきました。また、この実践を通して相手の考えを聞いて納得したり新たな発見をしたりすることもあることに気付いたことから、ディベート学習や他の学習の中でも自分の考えの変容を大切にするようになりました。

第 2 章

9 質問力を鍛える授業

友達紹介質問ゲームで質問し合うことの楽しさを体験させる
🌀 質問タイム

佐々木　敬人（菊池道場広島支部（福山））

1 ねらい

「『一斉指導における知識理解重視の授業から、対話・話し合いを通して他者とのかかわりの中から起きる内側の変容重視の授業』へと子どもたちを変えていきます。つまり、『覚える授業』から『考える授業』へと変えていくのです。このような学びを数多く体験した子どもは、他者との対話を通して学び続ける楽しさを知ります。『考え続ける人間』へと成長していきます」『1年間を見通した白熱する教室のつくり方』（菊池省三，中村堂）から引用

　コミュニケーションの語源とは、ラテン語で「communis」＝「共通の」つまり、相手との共通部分を大きくすることで相手との絆を深め、結果的に上記のような学び続けることを楽しいと知り、「考え続ける人間」へと成長していくことができるのです。そこで大切になる一つの要素として、今回取り上げる「質問力」が挙げられます。適切な時に、適切な人に対して、適切な質問を投げかけることができることで、お互いのことを多面的に理解し合うことができます。これによって、コミュニケーションの土台である温かい人間関係が築かれていきます。人と話すことは楽しいことだということを子どもたちが味わうことで、積極的に話し合いに参加する態度を養うことにつながります。それがきっかけとなって、「深い学び」に向かっていくのではないでしょうか。

　そこで大切なことは、質問の質とその効果をどのように捉え、年間を見通しながら、日々変化していく子どもたちの実態に合わせた活動を行っていくということです。やみくもに質問を行わせるのでは、その価値は限られてしまいます。菊池先生は年間を通して大きく学期ごとに3段階に分けて「質問タイム」を行っていました。

> 1学期は「自己開示・他者理解」　質問応答を楽しむこと
> 2学期は「テーマ・形態の進化」　好きなことを伝え合う
> 3学期は「自己確認・自己拡大」　その人らしさを引き出し合う

　エンゲルスが弁証法で言うように、「質問力」も量から質に転化します。今回は、その最初のステップとして、誰でも抵抗なく行える「友達紹介質問ゲーム」について考えました。

2 主な展開

　この時間の中心活動は「友達紹介質問ゲーム」です。1人の友達に対して、その人を知るための質問を繰り返し行い、その質問の数を競い合うゲームを紹介します。ゲームの進め方、及び1時間の流れは次の通りです。

● 「友達紹介質問ゲーム」1時間の主な展開 ●

1. 4人1組になる。
2. グループの中で役割を決める。1人は質問の受け手、2人は質問者、1人は質問者が質問した数を数える。
3. 質問者は「○○は好きですか」等と質問する。
4. 質問に対し、できるだけ早く答える。
5. 質問者は相手が答え終わると、次の質問を投げかける。
6. 3〜5を繰り返す。
7. 制限時間内にどれだけ質問を行えたのかを数える。
8. 質問の数をもっと増やす方法をグループで交流させる。
9. 役割を交代させて繰り返す。
10. 感想と、工夫したことを交流し、価値付ける。

　この活動では、同じ学級の仲間たちとかかわることで生まれる楽しさを体感することをねらいます。また、質問の数を競い合うという活動は、課題の大きい子どもにとっても、とにかく何か質問を行えればいいとい

う簡潔さ、どの子どもたちに内在する競争心に火を灯すことで前のめりになり、心も身体もほぐれる効果が考えられます。その中で、仲間がどんな人なのかを知ることで、よりよいかかわり方につながります。

　価値付けは、「コミュニケーション力を育てる」という点で行います。活動中には、よい姿を具体的に事実で示し、そこに価値付けしていきます。例えば、

> 「スピード感」「笑顔」「相手が安心する伝え方」「目線」「質問に対して丁寧に応えようとする姿勢」「前のめりの姿勢」「初めと終わりの切りかえ」「あいづち・うなずき」「身振り手振り」等

が考えられます。その中で、気になる子どもがいる時は、今全体の前で伝えるべきなのか、今は伝えるべきではなく、後で個別に伝えるのか等を考えて行うことも大切です。また、1回目から2回目と質問の数が増えた理由を尋ねる中で、協力して話し合った姿を中心に認めていきます。そして、そのようなコミュニケーションあふれる姿こそ、今後の自分たちにとって最も大切になるということを伝えます。

3 展開例

1 「楽しい学校生活」について考える

「楽しい学校生活」と黒板に書き、次のように問いました。
『どういう時に「楽しい学校生活」を感じますか』
　子どもたちは、いろいろな場面を考え、出し合う中で「友達とのかかわり」がキーワードとして浮かび上がってくることと思います。
『みんなが思うように「友達とのかかわり」が、1年間の中でのいろいろな場面で大切になるはずですよね。だけど、同じクラスでもあまり話さない人だっていますよね。当然、苦手な人だっていますよね。では、みんなに質問です。数少ない何人かの仲良しだけで授業中も休憩時間もいつも話しをして過ごすクラスと、たくさんの人といろいろなことを話

して過ごすクラス、どちらがみんなにとってより楽しい学校生活を送れそうだと思いますか』

子どもたちに立場を決めさせ、どちらからも理由を出させます。

『もちろん、特に仲の良い友達と過ごすことだって楽しいし、それも大切ですよね。だけど、多くの人といろいろな話が当たり前にできる方が、より楽しいと思える可能性が広がるかもしれませんね。では、誰とでもすぐに仲良くなれる人はいますか？』

子どもたちの多くは、難しいという表情をします。

2 「人間関係」の築き方について考える

『そうですよね。先生たちでも、新しい学校に行って、すぐにその学校の先生たちと親しくなることってとても難しいことです。どうしてだと思いますか？』

子どもたちからは「恥ずかしいから」「相手のことを知らないから」といった考えが出てきます。

『その通りです。大人だって、相手のことを知らなければ、なかなか本当の気持ちを伝えることはできません。親しくなるためにも、相手のことを知ろうといろいろな話をします』

3 「友達紹介質問ゲーム」について知る

『そこで、これから**「友達紹介質問ゲーム」**をします。みんなで楽しくワイワイと行えるといいですね』

子どもたちは、沈黙していたり、友達と目配せを行っていたりします。

『いきなり何かと思った人もいたことでしょう。その中で、表情が和らいだり、一体何するの？と反応を示してくれたりした人がいます。話し手に対して反応をすることには、ちゃんと話を聞いてくれていたんだと、話し手を安心させる力もあるのです。ありがとう。1年間、話し手に対して温かい反応のあるクラスをつくっていきましょうね。では、改めて説明をします。グループに分かれて、とにかく質問をたくさん行うゲー

第2章　コミュニケーション力を育てる10の授業 ● 103

ムです』

───《　ゲームの説明を行う　》───

『では、向き合って挨拶をしましょう。笑顔がすてきですね！はいっ、始めましょう！』

───《　1分を計る　》───

「好きな食べ物は何ですか」「好きな教科は何ですか」「好きなテレビ番組は何ですか」「好きなスポーツは何ですか」「好きな動物は何ですか」「ご飯とパンではどちらが好きですか」等、様々な質問が飛び交う教室。笑顔がある人たちをほめながら全体の様子を見守ります。

『頑張り合った仲間にありがとうと伝えて前を向きましょう。それでは、グループごとに質問の数を発表してもらいます』

───《　発表させ、トップイメージをもたせる　》───

『どうやったら一番になれるか、グループで作戦会議を行いましょう。考えが浮かばない人は「何かいい方法ない？」と周りの仲間に聞くとよいでしょう。では、向き合いましょう。「お願いします」で始めましょう』

───《　1分を計る　》───

『それでは、今の作戦を使って、2回戦を行います。さっきよりも回数は増えるのか、楽しみですね。では、向き合いましょう。「お願いします」で始めましょう』

───《　発表させる　》───

『1回戦目よりも増えましたね。特に増えたグループには、一体どんな作戦を立てたのかを聞いてみましょう』

「できるだけ短い文で聞く（秋といえば？）」「身近にあって誰にでも分かることについて聞く（ラーメンは好きですか？）」「『はい』か『いいえ』ですぐに答えられる質問をする（犬と猫だと犬が好きですよね？」等、どんなことでも発表していい、自分の意見は認められる、という意識をもたせることもねらいの一つです。そのためにも、教師は笑顔で、どんな発言もしっかりと受け止めることを大切にします。

4 評価を入れる

> 「スピード感が誰よりも速い！」「ナイススマイル！」「優しい伝え方ですね！」「しっかりと相手の目を見ていますね！」「質問に対して丁寧に答えようとしていて、相手を大切にしていますね！」「誰よりもやる気が伝わる前のめりの姿勢ですね！」「あいづち・うなずきができる人は、相手を大切にできる人です！」「身振り手振りを使って、一生懸命伝えようとする姿勢が美しい！」等

このように、活動中にコミュニケーションにかかわるよい姿をしっかりと認め、ほめます。その時、全体で共有するべき価値ある姿は、活動後にも改めて全体に伝えることで、価値ある姿の方向性を明確にしていくことも大切です。

『今回のゲームの中でみんなが見せた、段々と温かくなっていく空気は、とても心地よかったです。今のように、笑顔で人とかかわる姿が当たり前になれば、きっと楽しい学校生活が毎日のように送れます。そして、このクラスがこれからどのようなクラスになっていくのかということも、とても楽しみになりました。そんなみんなに大きな拍手をしましょう！』

授業の最後にはこのようなねらいに沿った価値付けを行い、仲間たちとかかわりの中で生まれる楽しさを体感できるようにしたいものです。

さらに、今回限りの単発の活動で終わらせるのではなく、理由を付け足したり、相手の返答にかかわる質問をさらに行い、相手をより知ろうとしたりする等、実態に応じて変化も加えながら「質問ゲーム」に継続して取り組むことが大切です。

4 日常的・発展的な活動例

「質問タイム」

「質問タイム」は、朝の会で、その日の「ほめ言葉のシャワー」の主人

第2章 コミュニケーション力を育てる10の授業

公に質問をします。この質問タイムを毎日行うことで、お互いのことを多面的に理解し合うことができます。それによって、コミュニケーションの土台でもある温かい人間関係を築くことをねらいとしています。

ステップ1　質問応答を楽しむ（1学期）

答えやすく、楽しいテーマからスタートします。例えば、「お好み焼きにはマヨネーズをかけますか？」といったものです。高学年であれば、外国語活動の時間に英語を使って「Do you like Okonomiyaki ?」といった活動も考えられます。クラス替えのない高学年であっても、意外と友達の好き嫌いまでは知らないままで、相手のことを知り、時には共通点が増えることを楽しく思うようです。それまでのなんとなくの表面的な付き合いが、共通点が増えることによって、深い関係になっていくきっかけにしたいものです。

ステップ2　好きなことを伝え合う（2学期）

慣れてきたら、自分の好きなことや得意分野などを伝え合うようにさせます。そのために、主人公が1文でもいいからスピーチをして、それについて質問させるようにします。例えば、「私は、神楽を習っています」などと最初に話させ、その後にその話題にかかわる質問をさせていきます。そして、質問の際には質を大切にするために、「きくこよね」をポイントとして意識させます。

> き　「神楽をはじめた㋖っかけは何なのですか？」
> く　「神楽をしていて㋗労したことはありますか？」
> こ　「神楽でうまく演じる㋙ツはありますか？」
> よ　「神楽のどんな時に㋯び（楽しさ）を感じますか？」
> ね　「どのような㋨い（夢）をもって神楽に取り組んでいますか？」

質の高いキャッチボールが、よりよい人間関係を築くことにもつながるということを意識させて取り組ませるようにします。

ステップ3　その人らしさを引き出し合う（3学期）

この段階では、主人公の「らしさ」を引き出すようなテーマを意識させて行います。最初に質問する子どもの質問内容がポイントになります。

　平成29年度の6年生が書いた「自分らしさを表す言葉」です。ここから主人公を深掘りしていく質問が生まれていきました。当時のA児は、卒業前には「笑顔」が自分自身のキーワードになっていました。その「笑顔」について、全員で質問を行いました。
「なぜ、ケンカをよくしていたあなたが『笑顔』をキーワードにしたのですか」
「なぜ、あなたは変われたのですか」
「そんなによい『笑顔』を出せる秘訣は、安心感があるからですよね」等。
　A児は、4年生の頃は毎日男子とけんかをしていたようです。5年生で受け持った時の4月には、人前で話をすることは避け、数人とかたまり、授業に集中して取り組むことは少なく、休憩時間や給食準備時間には仲間とトイレに行って群れていました。それでも、段々と仲間とのコミュニケーションを重ね、人間関係を築いていく中で、最終的には自分自身の武器は周りを温める「笑顔」だということに気付いたようです。それからは、周りの友達を巻き込みながら、卒業式に向けて「"出す声"あいさつ運動」を行い、朝から空気を温めてくれるなどムードメーカーとして活躍しました。そのようなことも「質問タイム」で共有することで、A児自身の「自己確認・自己拡大」にもつながり、卒業後も「強い個」として成長し続けられるのだと思います。

5 質問力を身に付けたその先にあるもの

　日本人は、あまり質問をしない傾向があるようです。これは、私が研修会やセミナーに参加した際にも実感することです。その消極性は、どこから生まれてくるのでしょうか。それは、日本人にとって質問することは、自分自身の理解を白状するものであり、理解できていない人だと思われることを忌避しているからではないでしょうか。これまで私たちが「与えられた質問に答える」努力をする環境に浸りすぎてきたからではないでしょうか。質問をしないということは、「思考停止」状態とも考えられます。これからは、質問をしないという態度をどのように脱却していくのかが必要であり、自分自身で問いをもち、それを質問しながら解いていくことが求められます。つまり、この世界のほとんどのものに「絶対的な答え」はなく、あるのは「納得解」なのだと認識する態度が必要だということです。

> 「なぜ、音楽コンクールがあるのかをまとめてみよう」
> 「人間は、なぜ心が一人ひとりちがうのか」
> 「なぜ、人というものは"比較"をするのだろう」
> 「なぜ、体操座りをしないといけないのかを考えよう」
> 「なぜ、学校は強制的に行かされているのに、怒られないといけないのだろう」
> 「どうして、誕生日には、その人をお祝いしないといけないのだろう」
> 「なぜ、公文では、学年を越えて学習をしないといけないのだろう」

　これは、平成30年度2学期の宿題「私の本」の中で、子どもたちが立てためあての一部です。「なぜ？」と問うことで、身の周りの物事を自分なりに考え続けることが大切だということを9月に伝えました。それまでは、一生懸命「私の本」に取り組む人がいる一方で、漢字や計算をとりあえずこなす姿がありました。しかし、問うことの価値や、よい内容をシェアすること等がきっかけとなったのか、その人らしさが出てく

る内容が段々と増えてきました。このように、「なぜ思考」を行うことで、物事を筋道立てて考え、次第に問題の核心に迫っていくことも可能になります。

　日本の誇る企業トヨタにとって、「改善」は海外でもそのまま"Kaizen"と表現されるほどに、会社経営の根幹です。トヨタでは、あるトラブルが起こった際、「5回のなぜ」が問われるそうです。それは、すぐに思いつく答えを安易に結論とせず、「なぜ」を繰り返すことで真の原因を探ることが目的だからだそうです。また、人に指示をする立場の者は、部下に命令を行うのではなく、自分で思いつかせるために質問を使いこなすことも必要な力だと言われているそうです。

「質問力」が、相手を知ることで人間関係を築くための土台であることはこれまで述べてきた通りです。それに加えて、質の高い質問は、相手を引き出すだけでなく、自分の新たな学びを促すために必要な力にもなります。その先には、自ら幸せをつかむ生き方、その選択肢をつくり出す可能性をも「質問力」が秘めているのかもしれません。そうだとしたら、いつまでも受け身で思考停止している暇はありません。子どもたちの前に立つ者としても、まずは自分自身が常に問い続ける人間でありたいと思います。

【参考文献】
菊池省三・菊池道場＝編著『コミュニケーション力あふれる「菊池学級」のつくり方』中村堂、2014年。
菊池省三・菊池道場＝編著『1年間を見通した白熱する教室のつくり方』中村堂、2016年。
ジョン・C・マクスウェル　著　岡本行夫　監訳『人を動かす人の「質問力」：この「問題意識」が結果を出し、組織を強くする』三笠書房、2016年。
谷原誠　著『「いい質問」が人を動かす』文響社、2016年
中村堂　著『教師 菊池省三 映画「挑む」オフィシャルブック』中村堂、2017年。
茂木健一郎　著『最高の結果を引き出す質問力：その問い方が、脳を変える！』河出書房新社、2016年。
安田正　著『超一流 できる人の質問力 人を動かす20の極秘テクニック』マガジンハウス、2017年。

10 学級ディベートの土台となる授業

3つのゲームで「話す」「質問する」「反論する」のポイントをつかませる

🌀 学級ディベート

中元　教善（菊池道場鳥取支部）

1 ねらい

　どの子どもも目を輝かせながら学んでいます。活発な話し合いが行われています。自分の考えを自由に言うことができます。友達の発言を聞いて、新たな気付きが生まれ、自分の理解が深まります。それに何よりも教師が笑顔でその様子を見守ります。そこはきっと自信と安心のあふれる教室です。

　全ての教師がこのような教室をめざしていることでしょう。とはいえ、実際はどうでしょうか。発問→挙手→指名→発言で淡々と進んでいる授業が多いように思います。そのスタイルが悪いとは思いません。しかし、子どもたちがそのような学習しかしていないとしたら、真のコミュニケーション力は育ちません。国語科で「話すこと・聞くこと」を扱った教材があります。しかし、発言の多い子どもたちが中心となり授業が進んだり、話し合いを単発的なものとしていたりすると、子どもたちの話す・聞く能力は育ちません。育てていれば身に付いていたかもしれない能力が発揮されないまま終わってしまいます。それだけでなく、今後の子どもたちの人生へと影響を及ぼすことになりかねません。

　私たち菊池道場は、「学級ディベート」と名付けたディベートを提案しています。学級ディベートの土台となる授業として、3つのコミュニケーションゲームを行います。「1．対決型問答ゲーム（立論）」、「2．なぜ？なぜならゲーム（質問）」、「3．でもでもボクシング（反論）」です。これら3つのゲームを学級ディベートの前に取り組むことで子どもたちは話すことに抵抗がなくなり、意欲的になります。展開と具体的な指導法を以下に述べます。

2 主な展開

　勤務校では国語科の教科書は東京書籍版を使っています。私は今年度5年生を担任しています。5年生では、「立場を決めて討論をしよう」という単元があります。その単元で学級ディベートをすることにしていました。そこで、学級ディベートの土台となる授業として、先に挙げた3つのコミュニケーションゲームを行うことにしました。

　3つのコミュニケーションゲームにはそれぞれ目的があります。「対決型問答ゲーム」は立論する力を育てるため、「なぜ？なぜならゲーム」は質問する力を育てるため、「でもでもボクシング」は反論する力を育てるためです。このことを伝えないとただの目的のないゲームになってしまい、活動あって学びなしになりかねません。

　3つのゲームは45分で行うことができます。また、トーナメント形式で行えば、子どもたちは盛り上がります。その場合、1つのゲームを45分で行います。どのゲームも3秒以内に答えられなかったら負けとすれば緊張感が生まれます。

　私はコミュニケーションゲームと学級ディベートを通して、どの子どもたちも成長させたいと考えていましたので、3つのゲームを45分で行うのではなく、1つのゲームを45分かけてじっくり行うことにしました。どの子どもにも話す・聞く機会をより多く与えるためです。学級の実態によって、3つのゲームを45分で行うこともできますし、1つを45分で行うこともできます。

```
対決型問答ゲーム（立論する力）
なぜ？なぜならゲーム（質問する力）
でもでもボクシング（反論する力）
          ↓
      学級ディベート
```

3 展開例

1．対決型問答ゲーム

(1) ゲームのやり方を知る

　授業が始まると黒板に「対決型問答ゲーム」と書きました。子どもたちからは、

「ゲームだ」「どんなんだろう」

　などと声が上がり、期待しているような雰囲気が高まりました。黒板に「あなたはゴキブリが好きですか？」と書きました。

　子どもたちからは、

「えー、ゴキブリ」「無理」「嫌い」

　などの声が上がりました。私は続けて、「はい、いいえ。ぼくはゴキブリが好きです、きらいです。理由は○つあります」と書きました。そこで、すかさず

『○○さんはゴキブリが好きですか？』

　と尋ねると、

「はい。ぼくはゴキブリが好きです。理由は２つあります。１つ目は黒くてかわいいからです。２つ目は急に飛ぶのでかっこいいからです」

　と答えました。教室は大爆笑に包まれました。私は「ゴキブリが嫌い」と答えると思っていましたが、予想外の答えに驚きました。

『では、みんなで先生の質問と○○さんの答えを言ってみましょう』

「○○さんはゴキブリが好きですか？はい。ぼくはゴキブリが好きです。理由は２つあります。１つ目は黒くてかわいいからです。２つ目は急に飛ぶのでかっこいいからです」

(2) 班で対決をして、代表者を選ぶ（予選）

『では、今から対決型問答ゲームを始めます。これは学級ディベートの最初の立論する力、自分たちの主張を正しく伝えるためのゲームです。

ゲームなので今からルールを伝えます』
①身近な答えやすい質問のテーマと答える理由の数を決めておく。
②２人組でじゃんけんをする。
③勝った人は負けた人に身近な答えやすいテーマから質問する。
④負けた人は肯定、否定をはっきり言い、その理由を言う。
⑤質問する人と答える人を交替して続ける。

　ルールが書いてあるワークシートを配布します。
『難しそうだけど、やってみようか』
「できますよ」「楽しみだなあ」
『まずは質問のテーマを考えましょう。だれもが知っているものにしてください。１分間で10個は書きましょう』
　子どもたちは質問のテーマを書き始めました。どんどん書いていきます。自分がしたい質問に印をつけています。
『では、時間です。机を班の形にします。さあ、どんどん話して、どんどん聴こう』
　学級は８班あり、１班が３、４人です。４人の班は１回戦２試合と決勝戦で１人代表者を決めます。３人の班は１回戦１試合と決勝戦で１人代表者を決めます。１試合は１分間です。３秒以上止まってしまったら負けです。試合をしていない人は友達の対決の審判をします。
『慣れてきたら理由は２つではなく、どんどん増やしていこう。それでは、班で対決しましょう。よーい、始め！』
【例】
Ａ：あなたは宿題が好きですか。
Ｂ：私は宿題が好きです。理由は３つあります。
　　１つ目は、宿題をすると、お母さんにほめられるからです。
　　２つ目は、勉強がよくできるようになるからです。
　　３つ目は、……。
Ａ：３、２、…。
Ｂ：３つ目は、毎日すると勉強の習慣がつくからです。

第２章　コミュニケーション力を育てる10の授業

B：あなたはテレビが好きですか。
A：ぼくはテレビが好きです。理由は3つあります。

(3) トーナメントをして学級チャンピオンを決める

　各班の代表者が決まった後、黒板にトーナメント表を書きました。班の代表者が自分の名前を記入しました。準々決勝からのスタートです。準決勝からは学級全員で見ることにしました。班の代表ともなるとレベルが上がり、理由が3つでは決着がつかず、4つに増やすことにしました。

　決勝戦のお題の1つに、「あなたは洗濯ばさみが好きですか」がありました。予想外の質問に教室がどよめき、その質問に理由を含めて見事答えた女の子に、さらに大きなどよめきが起こりました。

　どの子どもも対決型問答ゲームを笑顔で行っていました。予選で負けてしまった子も審判があるので、最後まで集中していたように思います。対話の基本である「話す・聞く」ことを友達と楽しんでいることが分かったので、もちろん担任の私も楽しく、そして感心しながら子どもたちの様子を見守ることができました。

(4) 感想や改善したいことを発表する

　子どもたちからは「またやりたい」「別のゲームをしたい」などコミュニケーションゲームについて前向きな感想が出ました。他には「質問されたらすぐに考えないといけなくて難しかったです」「質問されたらすぐに答えないといけないことが分かりました」などコミュニケーションに関しての振り返りもありました。

2. なぜ？なぜならゲーム（質問する力を育てる）

「なぜ？なぜならゲーム」とは、相手から質問されてすぐに肯定か否定か述べて、相手からなぜかと問われて理由を言います。対決型問答ゲームとやり方は似ています。理由の数を気にしなくてもいいので対決型問答ゲームより易しい反面、質問がリズムよく来るので、より瞬時に考えないといけません。

【例】
A：あなたは夏休みが好きですか。
B：はい。
A：なぜですか。
B：なぜなら、海に行って遊べるからです。
B：あなたはアイスクリームが好きですか。

以下は子どもたちから出た質問のテーマの一部です。

質問のテーマ
学校、夏、給食、国語、本、筆箱、トランプのダイヤとハート、海、毛糸、水泳、ゲーム、自分、家、将棋、フェラーリ、テントウムシの幼虫、ガソリンスタンド、白鳥、ハンガー、眼鏡、雷、日曜日、屋根、ランドセル、地球、宿題、歌、自由研究、チョーク、金歯、鍋、輪ゴム、歯ブラシ、ハンバーガー、サトウキビ、携帯電話、お風呂、カレンダー

3．ふり返り

> なぜ？なぜならゲームは、リズムが大事と分かりました。しんぱんの方が質問や答えをいうのよりむずかしかったです。

第2章　コミュニケーション力を育てる10の授業

3．でもでもボクシング（反論する力を育てる）

「でもでもボクシング」とは、相手から言われたことを受け止めてから反論します。これまでの2つのゲームとは少し異なり、相手が言ったことをよく聞いてから、答えないといけません。それに伴い、審判もよくゲームの内容を聞き続ける必要があります。

でもでもボクシングでは、「学校の先生が人気俳優だったらいいですよね」「学校のプールにウォータースライダーがあったら楽しいですよね」「コミュニケーションは難しいですよね」「鳥取が都会だったらいいですよね」「クリスマスが1年に2回あったらいいですよね」「地球は宇宙から見るときれいですよね」などのテーマがありました。

【例】
A：夏は暑くていやですよね。
B：そうですね。でも、暑いとアイスがおいしいですよね。
A：そうですね。でも、アイスを食べすぎるとお腹をこわしますよね。
B：そうですね。でも……でも、まいりました。

この写真は、ある班の班代表が決まった後の写真です。班代表がトーナメント戦の相手にどんな質問をすればいいのか相談しています。3人の子どもは負けて悔しいでしょうが、班代表のために協力しています。学級ディベートでも質問に答えるときには班で協力しないといけません。すでにこの班は学級ディベートの土台を築いていることが分かります。

3つ目のコミュニケーションゲームということもあり、熱戦が続きました。ほとんどの対戦が制限時間の1分を過ぎても続いており、そのたびに子どもたちは判定に苦労していました。終わった後の子どもたちの振り返りでは「ディベートをがんばりたい」というものが多くあり、学

級ディベートへ向けてモチベーションを高める機会となりました。

コミュニケーションゲーム①
対決型問答ゲーム
～立論する力を育てる～

名前（　　　　　　）

1．対決型問答ゲームのやり方

質問する人『　　　　　　　　　　　　　　　　　　　』

答える人「　　　　　　　　　　　　　　　　　　　　」

2．ルール

①質問で注意すること
・次々と質問する。答えは3秒以内に言う。「3・2・1」とカウントダウンをして、相手が答えられない場合はアウトとする。
・身近な答えやすいことから質問する。　・質問のテーマを決めておく。
②答えで注意すること
・肯定・否定をはっきり言う。　・わたし（ぼく）を必ず入れる。
・答えに「何を」を必ず入れる。
※理由の数を決めて、理由を必ず入れる。
　質問する人と答える人は入れ替わる。

【例】
A：あなたは宿題が好きですか。
B：私は宿題が好きです。理由は3つあります。
　1つ目は、宿題をすると、お母さんにほめられるからです。
　2つ目は、勉強がよくできるようになるからです。
　3つ目は、……。
A：3、2、……
B：3つ目は、毎日すると勉強の習慣がつくからです。

対決型問答ゲーム

2．質問のテーマ

3．ふり返り

コミュニケーションゲーム②
なぜ？なぜならゲーム
～質問する力を育てる～

名前（　　　　　　）

1．なぜ？なぜならゲームのやり方

質問する人『　　　　　　　　　　　　』

答える人「　　　　　　　　　　　　　」

2．ルール

①身近な答えやすい質問のテーマをいくつか考える。
②2人組でじゃんけんをする。
③勝った人は負けた人に身近な答えやすいテーマから質問する。
④負けた人は「はい」か「いいえ」で答える。
⑤質問する人は「なぜですか？」と質問する。
⑥答える人は「なぜかと言うと～だからです。」と答える。
⑦質問する人と答える人を交替して、③～⑥をくり返す。
※3秒間答えなかった人が負けになる。
　言えなかったら、「まいりました」と言う。

【例】
A：あなたは夏休みが好きですか。
B：はい。
A：なぜですか。
B：なぜなら、海に行って遊べるからです。

コミュニケーションゲーム③
でもでもボクシング
～反論する力を育てる～

名前（　　　　　　）

1．でもでもボクシングのやり方

質問する人『　　　　　　　　　　　　』

答える人「　　　　　　　　　　　　　」

2．ルール

①身近な話しやすいテーマをいくつか考える。
②2人組でじゃんけんをする。
③勝った人は身近な話しやすいテーマから話し始める。
④負けた人は「そうですね。でも～」と答える。
⑤勝った人も「そうですね。でも～」と答える。
⑥④と⑤をくり返す。
※3秒間答えなかったら負けになる。
　答えなかったら、「まいりました」と言う。
　相手の話した言葉を引用しないと負けになる。

【例】
A：夏は暑くていやですね。
B：そうですね。でも、暑いとアイスがおいしいですよね。
A：そうですね。でも、アイスを食べすぎるとお腹をこわしますよね。
B：そうですね。でも、………、まいりました。

「なぜ？なぜならゲーム」、「でもでもボクシング」にも「対決問答ゲーム」のシートの右側と同様のものをつけました。

第2章　コミュニケーション力を育てる10の授業　● 117

4 日常的・発展的な活動例

○学級ディベート

3つのコミュニケーションゲームを行ってから学級ディベートを行いました。(学級ディベートについての詳細は、菊池省三／菊池道場『個の確立した集団を育てる　学級ディベート』2018年、中村堂をご覧ください。)

子どもたちは初めてのディベートだったので緊張していましたが、コミュニケーションゲームをしていたこともあり、自信をもって立論・質問・反論をしていました。

ディベートの振り返りで一人の女の子が「ディベートを通して、大切だと思ったことは相手や審判に自分の思いを伝えることです。審判をするときは、ディベートをする人が何をどのように伝えようとしているのかを考えながら聴きました」と書いていました。コミュニケーションゲームを通して、気持ちを伝え合うことの大切さを学んでいたと思います。

子どもたちはディベートで「かみ合った議論」を意識していました。その証拠にある女の子が「肯定側が質問したのに、否定側が質問で返していたのはおかしい」とフローシートに書いていました。肯定側が質問をしたのなら、否定側は答えないといけません。この子は、コミュニケーションゲームで議論の流れを体得していたのでしょう。質問に質問で返したのを聞いて何かおかしいと感じたので、フローシートに書いたと言っていました。たしかにコミュニケーションゲームは子どもたちにと

って学級ディベートの土台となっていました。

　今年度担任している子どもたちが大人になり、5年生のときに国語科で『注文の多い料理店』を学習したとか、社会科で日本の産業について学習したことを思い出すかもしれません。何を学習したかも重要ですが、どのように学習したかも重要です。大人になった子どもたちが5年生のときにコミュニケーションゲームをしたとか、学級ディベートをしたことを覚えていてほしいです。

　これからの指導で意識するのは、コミュニケーションゲームや学級ディベートを一過性のイベントで終わらせないことです。本書にある楽しみながらコミュニケーション力を育てる10の授業が当たり前のように日常的に行われる教室をつくります。そのようにしてコミュニケーション力が子どもたちに備わっている環境で、より質の高い学びを子どもたちに経験させてあげたいです。それが、真の「主体的・対話的で深い学び」につながると考えます。そうなるように私はこれからも日々学び続けていきます。

【参考文献】
上條晴夫・菊池省三＝編著『楽しみながら思考力を鍛える小学校国語の学習ゲーム集』学事出版、2001年
菊池省三 著『小学校　楽しみながらコミュニケーション能力を育てる　ミニネタ＆コツ101』学事出版、2010年

第3章

少人数による「話し合い」のある授業を成立させる2つのポイント

第 3 章

少人数による「話し合い」のある授業を成立させる2つのポイント

菊池　省三（菊池道場　道場長）

　私は高知県いの町から教育特使の任を委嘱され、年間50日間程度、町内の先生方や子どもたちと学び合う日々を過ごしています。3年目となる2018年度は、いの町内の学校における「主体的・対話的で深い学び」の実現のために、授業観の転換と、授業それ自体の改善を図っていく年にしたいとの思いから、年度のスタート段階で、**2つのポイントと10の具体的な授業の改善方法**を提案しました。

　これらは、「コミュニケーション力を育てる10の授業」を支える教師の指導技術とその目的を明らかにしたものです。

　第2章の「10の授業」をよりよいものにしていくための参考にしていただきたいと考えます。

> **ポイント1**
> 学び合うための「動きのある対話・話し合い」

　「主体的・対話的で深い学び」が求められていますが、これをスローガンとして終わらせてしまってはいけません。常に学級全員の人間関係を高めるという視点、すなわち学級を学習のための望ましい集団としての発達を図るという視点をもち続けることが大切です。学び合い、成長し合うかかわりを大切にしながら、学級集団を高めていきましょう。

　この視点を忘れてしまうと、いくら話し合いの活動を授業の中に取り入れたとしても、その活動と集団づくりが分離してしまい、集団が高まっていかないのです。

> **1-1 話し合いの手順、やり方の説明を行う**
> ①立場を明確にさせる（○か×か、賛成か反対か、AかBか、など）
> ②立場ごとにチームをつくらせ話し合いをさせる
> 　※初めての話し合いなので手順を詳しく説明する

　話し合いは、一人ひとりが明確な立場を決めることから始まります。そのために教師は、立場を明確にさせる発問をすることが必要です。
「○か、×か」「賛成か、反対か」「Aか、Bか」
　小学校低学年の道徳「一本のチューリップ」の授業では、次のような発問をします。

発問1　花子さんは学校の花壇に咲くたくさんのチューリップから一本取って帰りました。○か×か。

発問2　花子さんのおばあちゃんは病気で寝たきりです。
　　　　チューリップが大好きです。だから花子さんは、一本取って帰ったのです。○か×か。

　このような立場を明確にしやすい発問をした上で、ノートに○か×をかかせて、立場を明確にさせます。
　さらに「○とかいた人、立ちましょう」「×とかいた人、立ちましょう」と呼びかけて立場を確認するとともに、立場をはっきりさせないでただ教室にいるという甘えを排除して、授業の参加者の一人であることの責任を伝えます。
　そして、意見には必ず理由があり、その理由の中に一人ひとりの「らしさ」があることを確認した上で、ノートに理由を書かせます。
　立場と理由が明確になったところで、話し合いがスタートします。立場が同じ子ども同士で、その理由を交換する話し合いをします。立場が同じですから、基本的に意見が対立することはありません。お互いが同じ立場であることの安心感は、最初の話し合いでは必要だと考えます。その上で、理由を交流することによって、同じ立場でも、一人ひとりにその人らしさが分かる理由があることを知り、話し合うことの価値を体

験していくのです。

　初めての話し合いの際には詳しい手順の説明をします。子どもたちは、「話し合いをしましょう」と言われても何をしたらいいのか分かりません。絶対に丸投げしてはいけません。子どもたちが、教室をただうろうろしただけの活動で終わってしまいます。

《話し合いの手順の説明例》
- **話し合う内容**「ノートに書いた『理由』を教え合います」
- **話し合いのゴール**「後で発表してもらいます」
- **話し合う場所**「○の人はこちら、×の人はこちらに集まりましょう」
- **話し合いの挨拶**「『よろしくお願いします』で始めましょう。『ありがとうございました』で終わりましょう」

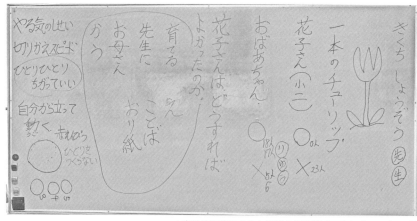
▲立場を明確にさせた授業の板書例「一本のチューリップ」

> **1-2　全員参加となるように態度目標を示す**
> ①みんなで学び合う学習展開をつくる
> ②個人で考える⇒自由に話し合って学び合いをさせる
> 　※話し合いの目的、価値の説明をする

「話し合いを授業に取り入れても、参加しない子どもがいます。どうしたらよいでしょうか」という質問を受けることがあります。答えは「全員が参加するように話し合いを仕組む」ということしかありません。

　話し合いの前提は、一人ひとりが意見をもつことですから、まず「一人で考える時間」を保障します。そして、子どもたちが考えている間に、「安心して一人で考える。落ち着いて全力で考える」

などと教師がつぶやいて、考えている姿をほめるとともに、考えることの価値付けをするのです。さらに、一人で一生懸命考えている姿を、『一人が美しい』という価値語で称賛するのです。

　その後、話し合いに移ります。

　そして、話し合いの際には、『一人をつくらない』『男子、女子関係なく』『笑顔で話し合う』などの価値語を示します。話し合いを全員参加にしていくために、教師はそれにふさわしい態度目標を示します。

　友達とのかかわりが弱い教室が多いように思います。
「仲良しの友達とは固まりません」
「自分から友達の方に動きましょう」

　伝えたい価値はいろいろあります。友達との温かい関係を育て、「いつでも、誰とでも話し合える教室」をめざしたいものです。
「全員参加」ということは、「みんなで学び合う」ということと同義です。学校という場で先生や友達と学び合うことの意義を日々の授業の中での体験を通して理解させたいものです。
「どのように話し合えばよいのか」「何のために話し合うのか」という、方法と目的を子どもたちにきちんと示すことが大切です。それらの理解がない中では、話し合いは本物になりません。子どもたちの納得が大切

です。

　ある日の授業で、「みんなで学び合う」とはどういうことかについて簡単な話し合いをしました。

《「みんなで学び合う」とは》
・発表し合う
・まちがえても発表
・友達や先生の話をよく聞いた
・ヒントをよく聞いた

　みんなと学ぶことのおもしろさは、周りの人の意見をよく聞いて、自分の考えを広げ、深めていくことにあると思います。その価値を、教室の中での話し合いの体験を通して知ってほしいと思います。みんなと学ぶ中で、分からなかったことが分かるようになり、できなかったことができるようになるのです。不可能が可能になっていくのです。それを「成長」と言います。

　授業後に子どもたちからの感想をいただくことがあります。その中に、
「菊池先生は、一人ひとりだけではなく、教室や学級のことをほめてくれて、うれしかった」
　というようなことが書かれていることがあります。子どもたちは、よいクラスでありたい、よい集団でありたいと思い、それを欲しているのです。

　学級を高めようという意識をもった話し合いと、学級づくりは同時進行だと考えます。

　僕の座っていた席は、一番最前列のまど側です。よく授業のとちゅうに、4組はこんなクラスだよなあ、とか、4組の子はこんなことができるようになった、などと話しかけてくれて、もうれしかったです。

▶子どもからの感想文

1-3　話し合いのレベルを上げる指示を出す

①立場ごとのチームでの話し合いをさせる
②理由を出し合い、学びを深めさせる
　※例：友達の意見を赤ペンで増やす

　基本的な話し合いができるようになってきたところで、質を高めていくための指示を出します。
「赤ペンを持って移動しましょう」
　と呼びかけます。赤ペンは、自分とは違う友達の意見に出会ったときに書き込むために使います。話し合いが活発になればなるほど、ノートには友達の意見が赤ペンでたくさん書かれることになり、学びが深まっていきます。

▲「菊池学級」での少人数による話し合いの様子

> 1-4 教師の自己表現的言葉（ほめる、認める、励ますなど）を意識する
> ①話し合いのルールを指導する
> ②子どもと一緒に約束を決める
>   ※教師としての感動と評価を伝える

 第1章で、私の考える「『授業観』試案」について述べましたが、「試案④」に書いた教師の「自己表現的言葉」はとても重要だと私は考えています。
 知識を伝達するだけの従来の授業観の中で語られる「授業内容伝達言葉」だけの教室は、硬く、遅い空気が流れています。
 私は、まず教室の空気を温かくするための方法として、次のようなことをします。（菊池道場機関誌「白熱する教室　14号」所収）

> 《学級の盛り上げ》
> ①称賛の拍手をリードする「さすが。はい、拍手！」
> ②リアクションを促す「こんな時にはリアクションするの！」
> ③ガッツポーズ、ハイタッチを促す
> ④「学級」「○年○組」「みんな」を主語にほめる
> ⑤３Ｓのほめ言葉（すごい、すばらしい、さすが）を口にして理由を話す
> ⑥細かな動きを小刻みに入れ、スピード感を出して価値語でほめる

 これらは、「自己表現的言葉」の一つであり、緊張を解きほぐし、学びへの意欲を起こさせるために多用しています。
 話し合いの手順の説明については、1-1でふれましたが、話し合いのルールについても若干ふれます。ただ、ルールと言っても、ガチガチのものではなく、教室の子どもたちの様子を見ながら、子どもたちと一緒につくっていきたいものです。
 例えば、このように一人の子どもに話しかけます。

『話しているときに、相手が何も反応しなかったらどんな気持ちになる？』
「伝わっているかどうか分からないです」
『どうしてほしいと思う』
「楽しい話だと思ったら、笑顔になってくれるとか…」
『いいね、いいね。笑顔のリアクションがほしいよね。拍手をするのなんかもいいね』
　こうした会話を踏まえて話し合いを始め、話し合いの途中に教師が、
『いいね、いいね。話し合いが活発だな』
『笑顔で話し合っていますね』
　と、教師の感動と評価を伝えていきます。
　机間指導の際に、中腰になって子どもたちのノートを見て回る先生がいます。それも大切なことだとは思いますが、古い授業観の表れる場面の一つだと思っています。
「できたか、できないか」「○か、×か」という視点が中心にあるからです。
　子ども同士の関係性を重視した授業観に立つと、子どもたちの話し合いの様子を少し離れたところから「ながめる」ように全体を見ます。
「Ａ君とＢ君の話し合いが白熱しているな」
「ＣさんとＤ君は昨日のけんかがうそのように、楽しく話し合っているな」
「４月のときには全く話すことのなかったＥさんとＦさんの関係が温かくなってきたな」
　と、教室の中の様々な変容が見えてきます。

> **1-5 教師は「伝える」に集中しすぎず「みる」を重視する**
> ①対立構造を生み出すように授業を展開する
> ②理由の自分らしさを発揮させ合う
> 　※子ども同士のかかわりや子どもの意見や思いの変容を重視する

　前項でも関係性の変容を見ることの大切さを述べました。

　出演させていただいたNHK「プロフェッショナル　仕事の流儀」でも、私の教室の日常を取り上げていただきました。

　次のような場面がありました。

> 菊池「おはようございます。はい、おはようございます」
> 菊池「お、久保君、今日早いね。おはようございます」
> 　担任しているのは6年1組。33名の子どもたちがいる。
> **授業が始まるまで菊池は職員室で過ごさず、廊下から子どもたちを眺める。**
> 菊池「ああやって（おとなしい）大富君が何気に入っているというのもいいことなんですよね、会話に」
> 菊池「はい。じゃ、立ちましょう」
> 菊池「背をすっと伸ばしましょう」
> 　朝のホームルーム　**直前に見つけたことを毎日全員の前でほめることにしている。**
> 菊池「井澤君、さっきね、5人の人たちにあいさつしてたじゃん」

　1年間という限られた時間の中で、どこまで子どもたちに寄り添っていられるか。教室の刻々と変化する様子に、教師は敏感でありたいと思います。

　話し合いの中では「対立構造」をつくり、対立する意見の交換によって白熱する議論をつくり、そのかかわりの中で子ども同士の強い関係性を育てていきます。

　前述のように「○か×か」で立場を明確にした上で、グループ同士で

話し合う際には、
「○の人は、教室の前の方に集まって、なぜそう考えたのか話し合いましょう」
「×の人は、教室の後ろに集まって…」
と、○と×という二つの対立関係があることを視覚的・空間的にも子どもたちに理解させます。

そして、話し合いの途中には、教師は少し離れた場所からそれぞれのグループの話し合いを聞きながら、その中からキーワードになるような言葉を拾い出し、やや大きめの声で全体に分かるようにつぶやくことで、お互いの考えのポイントや相手の考え方を事前に伝え、対立を明確にしていくのです。

そして、対立構造があるところには、それぞれの意見の拠りどころとなる「理由」があります。
「理由には、その人の『らしさ』がでます」
「一人ひとり違っていいのですよね」
「○○さんらしさが分かる意見ですよね」
理由は、その人の『らしさ』が出る大事なポイントです。

私は、「理由や根拠のない意見は、いじめと同じだ」と子どもたちに伝えてきました。

教室は、自分らしさを発揮し合う場です。正解だけが求められている教室では、違いを極端に怖がります。教室の中の同調圧力を子どもたちは敏感に感じ、不安な状況におかれているのだと思います。

子どもたち一人ひとりが自己開示できる教室をめざします。安心感のある教室では、自分らしさを出し合い伸ばし合っています。

> ポイント2
> 「挙手→指名→発表」のみからの脱却

　全員参加の学びにするための3つのポイントとして、以下のことを意識したいと思います。

①聞き合う集団づくり
②安心して発言できる関係づくり
③話し合いへと向かう授業展開を意識して、「攻め→受け→返し」（発問や指示→発言を受けとめる→全員に問い返す）の流れを大切にする

　そして、これらを実現していくためには、教師のパフォーマンス力が重要であると自覚することが大切です。MC能力と言ってもよいでしょう。いまだに、教壇から離れることなく、一方的に話すだけの授業をしている教師が少なくありません。コミュニケーション力とポジショニング力が、教師にも求められていると思います。

> 2-1　常に全員参加を保障する
> ①ノート発言・黒板発言（発表のさせ方を増やす）
> ②「書いたら発表」をルール化する
> 　※まず「書かせる」指導を行う

　聞き合ったり、安心して発言したりする第一の条件は、「全員参加」を保障することです。話し合いが、教室の一部の子どもたちだけで進められるようであっては、最初に述べた「集団づくりのための話し合い」という目的を達成することはできません。誰でも発言できる教室の空気を教師がつくる必要があります。
　「全員参加」の話し合いをつくっていく具体的な方法として、「ノート発言」と「黒板発言」の2つを紹介します。
　「ノート発言」は、発問のあと「ノートに書きましょう」と意見をノー

トに書かせる方法です。「発問をして分かった子だけが手を挙げて、その中の誰かを指名する」という方法では、いつまでたっても、教師と子どもの「1対1」の関係は変わりません。

「挙手→指名→発表」からの脱却を考えたとき、必要なことはまず全員が意見をもつことです。意見をもたなければ教室にいる意味がないとことを、最初の段階である意味厳しく指導して、学びへの心構えをきちんともたせましょう。

全員がノートにそれぞれの意見を書いた後、全員に話し合いに参加させる方法として、「黒板発言」をさせます。全員がノートに書いた自分の意見を、黒板に書いて「発言」するのです。全員参加を保障するといっても、クラス30人の子どもが一つの発問に対して全員が発言していては、時間的な問題がどうしても起こります。子どもたちの集中力も途切れてしまうでしょう。

短時間の中で、全員が発言する方法として「黒板発言」は有効です。黒板に書く際に、どれが誰の意見であるかを視覚的に分かるようにするのが自画像画を貼って意見を書く方法です。自画像画についての詳細は、「コミュニケーション力あふれる『菊池学級』のつくり方」（中村堂）の第7章を参照してください。

▲菊池学級の自画像画

> **2-2 安心感をもたせる言葉かけを行う**
> ①「書かせる→教師が丸を付ける」で発言への自信をもたせる
> ②発表の内容だけではなく非言語の話し方も評価する
> 　※その子なりの肯定的な価値を発見し伝える

　安心感がある教室でこそ、子どもたちは積極的に発言をすることができます。安心して楽しく学べるように、教師は積極的にしかけることが大切です。初めて行った教室で行う飛込授業の際に、私は子どもたちに次のような「しかけ」をします。(菊池道場機関誌「白熱する教室　14号」所収)

> **《安心して楽しく学べる「しかけ」》**
> ①書かれていることの確認等の簡単な問いを出す「お話の中に誰が出てきましたか？」
> ②答えの言葉の1文字を伏字にしたヒントを出して当てさせる「正解は、『り○う』(理由)です」
> ③「あんた、分かるか？と隣の人と3秒相談しなさい」などと指示して、短い時間でユーモア語を入れて相談させる
> ④多様な答えが出る問いを出す「気付いたこと思ったこと考えたこと何でもかまいません」
> ⑤特定の子のための問いを出す「君のためにもってきた、とっておきの質問があるんだ」
> ⑥「誤答」の価値付けをする「なるほど。そう考えたところに君らしさがあるんだね」

　ここにまとめたことは、発言に関することだけではありませんが、教室の中にユーモアと、学びに向かう意欲を引き出すきっかけが随所にあることが大切だと思い、私は挑戦しています。
　2-1で述べた「ノート発言」と「黒板発言」の間に、私は、「書けた人は先生のところに持ってきなさい」という指示をよくします。一人ひ

とりがノートに書いた意見を確認しながら、「これいいね」とか「おもしろいなあ」とコメントをしながら、書かれた意見をほめ、子どもに自信をもたせるのです。そして、「先生が○を付けたら、それを黒板に書いてください」と指示します。

教師にほめられた意見を黒板に書くのですから、子どもたちは自信にあふれています。その際に「先着15名で締め切るかもしれません」というような言葉を添えると、子どもは「えっ」と驚くとともに、スピードを意識してノートに向かうようになります。

そして、一番にノートを持ってきた子には「速いねえ。こういうのをスピード違反という」とユーモアをもってほめるのです。

自分自身の意見を自画像画と一緒に黒板に書き、発言するということで、クラスの中の自分という存在を視覚的に確認できます。この活動には、「個の確立と集団づくり」というめざす姿が、コンパクトに象徴されていると考えています。

▲教師が丸を付けて発言への自信をもたせる

実際の発言の際には、「いいですね、口角が上がっていますね」「手振りからも気持ちが伝わってきますね」などの言葉かけをして、内容だけでなく、話し方の姿勢をほめることも大切にしたいものです。

> 2-3　発表を話し合いにつなげる教師の意識をもつ
> ①話し合いの手順を教えるための教師の意図的な指名
> ②意見の対立を生むような意図的な指名
> 　※最終的には二大論争にする
> 　※子どもの発言に対して、その是非を問い続ける

　一人ひとりの意見をつなぎながら、白熱する話し合いを組み立てていくのが教師のMC力だと思っています。正解主義の授業観では、「正解か不正解か」だけですから、「正解」にたどり着いた時点で発表は終わり、話し合いに発展していくことはありません。

　多様な答えがありうる発問を教師が用意し、「思考が深まる中で、意見が途中で変わることはいくらでもありうることだ」ということを話し合いの基本として伝えます。

　多様な意見を全て黒板に明らかにした上で、少数意見から順に笑顔で潰して、二大論争へと絞り込んでいきます。

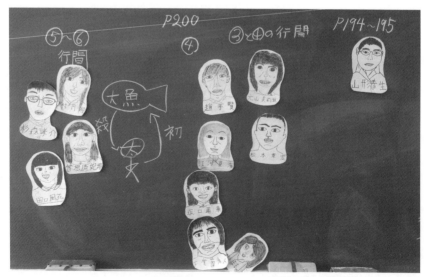

▲意見の対立が視覚的に分かる自画像

ここで、菊池道場機関誌「白熱する教室」11号で書いた「全教科領域で重視する少人数による対話の指導」を再掲して、その意義を再確認したいと思います。

《全教科領域で重視する少人数による対話の指導》
　スクール形式で進める一斉指導とは違う、少人数による対話の指導を重視します。教師は、子どもたちの視界から消えていく場面が多くなります。
　そのような場面で私は、発言内容だけではなく、子どもたちの内側をみています。
　例えば、
・なぜこの子は、今、そう言っているのか
・他の子どもたちは、どう反応しているのか
・今のこの学びの事実は、以前の学びとどうつながっているのか
・この学びを成立させるために、どのような言葉かけがいいのか
・この学びをこれからの学びにどうつなげていけばいいのかといったことなどです。複雑です。瞬時に変化し続ける対話ですから、私のみる目も固定した一斉指導とは大きく違います。
　これからより重視しなければいけないアクティブ・ラーニングの授業では、正解主義の授業観では対応できないのです。
　少人数による対話学習を大切にすることは、その学びを成立させるにふさわしい教師のみる目が重要なポイントなのです。

　教室という留まることなく常に変化する空間の中で、絶えず変わりゆく子どもたちの学びの姿を、教師が豊かな「みる目」をもって見取り、その場面に応じて的確な対応をしきれるかどうかが問われています。「みる目」こそが、教師のパフォーマンス力の大部分を占めていると言う意味をご理解いただきたいと思います。

> ## 2-4 「個人で書かせて発表」から「話し合って発表」とステップを段階的に行う
> ①「少人数で話したら（書いたら）発表」をルール化する
> ②発表内容は「みんなでつくる」という学びの体験をさせる
> ※話し合いのレベルを常に上げることを意識する

　自分の意見を言うことは、「出席者ではなく参加者になる」ことです。教室の学びに「参加」していることは、意見を言うことによって具現化すると言ってよいでしょう。

　そして、「ノートに意見を書いたら必ずそれを発表する」という意味の「書いたら発表」という価値語を黒板の5分の1に書いて、学びのルールにしたいと思います。「書いたら発表」が当たり前になった教室の話し合いは、ダイナミックに動き始めます。

　こうした取り組みの積み重ねによって、発言することは教室にいる者の責任であるという学級文化が少しずつ醸成されていくことにもなります。

　多くの子どもが発言し、多様な意見が出てくることによって、話し合いの質が深まってきます。そうした体験は、教師から知識を伝達されるだけの授業から、自分たちで授業を創り上げていくことを理解することになり、「学びに向かう人間性を育む」との「『授業観』試案④」で示した「成長の授業」のめあてに向かっていくことになります。

　発表の中で、前に発言した人を受けて「同じです」と言って座ってしまう場面をよく見かけます。意見が似ているということはあるかもしれませんが、理由も含めて考えた時、同じということはありません。「自分の言葉で話しましょう」と、自分らしさを発揮することの価値を繰り返し伝えます。

　そして、話し合いの中で「即興力」を鍛え、育てていきます。「同じです」という言葉を禁句とするのです。自分と似た意見が出たとしても、小さな違いでも探し出して自分の言葉に変えて発言したり、場合によっ

ては意見を 180 度変えて違う意見を発表したりすることができる力を育てていくのです。

　そのためには、日常的なトレーニングが大切です。

　抽象的な意見だった場合には、

「(発言後に、間髪入れずに) 例えば？」

と畳みかけたり、発言の前に、

「○○○という言葉を入れて話します」

と条件を加えた上で発言を求めたりして、即興力を磨いていくのです。こうした教師の無茶ぶりを楽しめるぐらいの子どもにしたいものです。「ノート発言」をすると、ノートに書いたことしか話せない子どもがいます。書いていないことも発表した子を大いにほめることで、即興力、アドリブ力が対話の中では重要であることを理解させていきましょう。突然指名された時でも、臆せず自分の考えを話せるように子どもを育てたいものです。

　以上のことを指導しつつも、どの子にも失敗感を与えないという教師の構えは重要です。発表する中で詰まってしまって、何も言えなくなってしまうことは日常的にあります。そうした場面こそが、それまで発表できなかった子の成長のチャンスだと捉えたいものです。

　発言できない○○さんがいたときに、

「○○さんの言おうとしていることが分かる人はいますか？ここで手の挙がる教室は優しい」

とフォローしたり、発言できない子に対して、

「悩んでいるんだね。それだけ考えているということです」

と声かけをして、失敗感を与えないための最大限の配慮をします。これは、教師の即興力そのものです。

　過去の失敗体験があって発表できないと言う子どもがいます。この教室は失敗しても大丈夫だという安心感をもたせるために、ほめること、フォローすることを教師はもっと意識するべきでしょう。

> ## 2-5　聞き合う教室を常に意識して発表させる
> ①挙手全員発言・列指名発言・チーム全員発言（発表のさせ方を増やす）
> ②全員発言するということは「当たり前」という学級に育てる
> 　※聞き合うことをキーステーションとする

▲発言する子に正対する菊池学級の子どもたち

　全国の教室で見る授業の多くは、教師の一方的な一斉指導型の授業です。「挙手→指名→発表」が中心で、時々、ペアやグループでの話し合いが行われる程度の平板な授業です。正解だけを追い求める硬直した授業だと思います。

　私は、このような授業を変えたいのです。当たり前のことですが、発表のさせ方も「挙手→指名」だけではありません。

挙手全員発言　　「手を挙げている人、全員立ちましょう」
列指名発言　　　「この列の人、立ちましょう」
チーム全員発言　「この班の人、立ましょう」

　他にも、「反対の立場の人、全員立ちます」と、意見の立場が同じ人を立たせることもできます。

　いずれにしても、子どもたちをダイナミックに動かす指名の仕方を考え出したいのです。

話し合いのさせ方も、ペアやグループにこだわる必要はありません。もっと自由に行いたいと思います。そのカギは、「自由に立ち歩く」ということだと考えています。
　左のページの写真を見てください。かつての私の教室の一コマです。「聞き合う」関係性ができています。「話している人の方を見て聞きなさい」という、聞き方に関する外形的な指導をいくらしてもこのような教室はできません。
　「全員が話して、全員が聞く」ということが当たり前になっていて、「聞き合う」という子ども同士の関係性があるからこその光景です。一人の子が話す内容と話している存在に大きな関心をもっているから体全体で聞き洩らすことのないように全身で聞いているのです。
　菊池学級には、「人に正対せよ」という価値語がありましたが、まさに、人間と人間が正対し合うコミュニケーションの基本として子どもたちの心に入っていたと思います。
　子ども同士のかかわりを広げ、深めることが教師の役割ですから、そのための声かけを毎日繰り返します。
「話し合いでは、一人をつくりません」
「仲良しの友だちと固まりません」
「自分から友達の方に動きましょう」
　友達とのかかわりが弱い学級が目につきます。その時に「今の子どもたちは、かかわりが弱くて…」と、その原因を子どもたちに求める教師であってはいけません。関係性の弱い集団を、関係性の強い温かな集団へと変えていくのが教師の役割なのです。
　子ども同士をつなぐ「質問タイム」や「ほめ言葉のシャワー」、教師と子どもをつなぐ「成長ノート」などの取り組みを通して、関係性豊かな、コミュニケーション力あふれる学級をつくっていきましょう。
　「話し合い力」は、「学級力」です。「いつでも、誰とでも話し合える教室」でありたいものです。「公社会で役立つ人間を育てる」という私の考える教育の目的は、「話し合い力」に集約されます。

おわりに

　先日、最後の「菊池学級」の卒業生となった教え子の一人から、菊池学級をよく知っていただいていた編集者の方を通して連絡がありました。そのメールには、次のように書かれていました。
「菊池先生が先生をやっていた時にお世話になっていた生徒の１人です。今高校生になったのですが、高校生になった今、また違う観点で先生の講演を聞いてみたいと思い、福岡県で菊池先生の講演がないか調べた所、あまり出てこなかったのであるかどうかの連絡をさせていただきました。（中略）今でも息詰まった時に成長ノートを見てます」（原文ママ）

　連絡をくれた彼は、「ドキュメンタリー映画『挑む』菊池省三　白熱する教室　第一部」あるいは、「DVDで観る 菊池学級の成長の事実」（2016年　中村堂刊）の中で、白熱する話し合いの真ん中にいた岡田透和君です。
　私は、その映画の中でコミュニケーション教育について、次のように述べています。
「なぜコミュニケーション能力を身につけさせる、伸ばしていくと、自分が、あるいは集団が変わるのかっていうところを、実際の子どもたちの姿の中で立証したかった。（中略）大人になったときに、自分らしさを発揮しながら人とチームを組んで仕事をする。そういう望ましい人間に育っていくんじゃないかなっていうふうに思ってますけど。（中略）本当の意味の学びに対する尊敬の思いと、それを大事にしながら、その個が生きるように育てていく。何か新しいこれからの教師の考え方とその指導方法が問われると。そこにコミュニケーション力っていうのは、鍵として、中心にあるんじゃないかなと思いますけどね」

　菊池学級で身につけた強い心が、岡田君の中に今も変わらずあることを嬉しく思っています。

▲菊池学級の子どもたちと記念撮影

　本書は、菊池道場岡山支部の勉強会に集ったメンバーを中心に、日々教室で実践を積み重ねられている10名の先生方との学びで完成しました。今回提案した「10の授業」をすでに様々な形で実践されている方々ばかりでしたので、リアルな子どもたちの様子とともに授業の提案をしていただきました。

　今回も、中村堂の中村宏隆社長には、企画段階から編集段階までお力添えをいただきました。感謝いたします。

　全国の学校・教室で、コミュニケーション力あふれる子どもたちが元気に成長する姿を思い描いています。

　　　　　　　　　2018年10月28日　菊池道場　道場長　菊池省三

● 著者紹介

菊池省三（きくち・しょうぞう）

1959年愛媛県生まれ。「菊池道場」道場長。元福岡県北九州市公立小学校教諭。山口大学教育学部卒業。文部科学省の「『熟議』に基づく教育政策形成の在り方に関する懇談会」委員。平成30年度　高知県いの町教育特使。大分県中津市教育スーパーアドバイザー。三重県松阪市学級経営マイスター。岡山県浅口市学級経営アドバイザー。著書は「個の確立した集団を育てる　学級ディベート」「人間を育てる　菊池道場流叱る指導」「個の確立した集団を育てる　ほめ言葉のシャワー　決定版」「1年間を見通した　白熱する教室のつくり方」「価値語100ハンドブック」「人間を育てる　菊池道場流　作文の指導」「『話し合い力』を育てる　コミュニケーションゲーム62」（以上　中村堂）など多数。

【菊池道場】　★掲載順

小川夕起子（菊池道場鳥取支部）　　大森加奈子（菊池道場岡山支部）
相羽美恵子（菊池道場新潟支部）　　後藤航（菊池道場山形支部）
西村昌平（菊池道場岡山支部）　　　堀井悠平（菊池道場徳島支部）
藤澤稔（菊池道場広島支部）　　　　曽根原隼（菊池道場山形支部）
佐々木敬人（菊池道場広島（福山）支部）　中元教善（菊池道場鳥取支部）

※2018年11月1日現在

「楽しみながらコミュニケーション力を育てる10の授業」

2018年12月15日　第1刷発行

著　／菊池省三・菊池道場
発行者／中村宏隆
発行所／株式会社　中村堂
　　　　〒104-0043　東京都中央区湊3-11-7
　　　　湊92ビル 4F
　　　　Tel.03-5244-9939　Fax.03-5244-9938
　　　　ホームページ　http://www.nakadoh.com

印刷・製本／新日本印刷株式会社

ⒸSyozo KIKUCHI,KikuchiDojyo 2018
◆定価はカバーに記載してあります。
◆乱丁・落丁の場合はお取り替えいたします。

ISBN978-4-907571-52-8